OEUVRES COMPLÈTES

DE

CHARLES NODIER.

ÉTUDE HISTORIQUE.

ÉVERAT, Imprimeur, rue du Cadran, n° 16.

ŒUVRES COMPLÈTES

DE

CHARLES NODIER.

VII.

LE
DERNIER BANQUET DES GIRONDINS;
ÉTUDE HISTORIQUE
SUIVIE DE RECHERCHES SUR L'ÉLOQUENCE RÉVOLUTIONNAIRE.

PARIS,
LIBRAIRIE D'EUGÈNE RENDUEL,
RUE DES GRANDS-AUGUSTINS, N. 22.
—
1833.

CHARLES NODIER

AU LECTEUR.

AU LECTEUR.

L a forme de ce petit écrit est devenue si commune, et j'aurois si mauvaise grâce à lutter contre les hommes de talent qui en ont fait usage, que mon premier besoin est de me justifier de cette maladresse et de cette prétention.

Mes amis savent que les Girondins sont composés depuis plus de six ans, et qu'ils ont subi au milieu d'eux l'épreuve de la lecture, avant que personne se fût avisé de cette alliance un peu adultère du drame et de l'histoire. Je ne chercherai certainement pas à prouver qu'elle vaille quelque chose comme objet d'art. Ce qui m'importe est de me défendre d'un plagiat, et je n'attache d'ailleurs au reste de la question que l'importance qu'elle mérite; mais je ne suis pas éloigné de croire qu'un ouvrage de ce genre seroit aussi bon qu'un autre, si par hasard il étoit bon. C'est une hypothèse dans laquelle je suis complétement désintéressé.

L'idée m'étoit donc venue, comme à tout le monde, que la manière la plus vive et la plus saisissante de présenter des personnages historiques étoit de les mettre en scène dans une circonstance solennelle de leur vie, et de leur faire parler, selon les traditions qui nous en restent, le langage qu'ils ont dû tenir alors. Cette combinaison n'étoit pas neuve, même quand je croyois l'inventer, et aucune école classique n'a fait grande estime des modèles que je suivois à mon insu. Pour les faits, c'est l'article du journal ou la relation de l'almanach; pour les discours, c'est le pastiche; pour le dialogue, c'est le centon.

Un brillant récit de M. Bailleul que

j'avois recueilli, à vingt-cinq ans, en traversant Amiens, féconda lentement dès lors une pensée déjà familière à mon imagination. J'en vis surgir je ne sais quelle scène vivante et forte que je me flattai de mettre en action un jour, quand le privilége de la publicité seroit rendu aux écrivains indépendans. A vingt-cinq ans, on croit tout ce que l'on espère, et on espère tout ce qu'on a desiré.

C'est qu'il n'existoit rien, selon moi, de plus magnifique dans toutes les histoires du temps passé que ce banquet des martyrs de la liberté qui devisent entre eux de leur république chérie, de sa grandeur et de sa chute; des destinées éventuelles d'un pays abandonné aux Barbares, et sans doute réservé à la tyrannie; des rôles passagers qu'ils ont joué sur le grand théâtre de la révolution, et qui vont tragiquement finir sur un échafaud, mais qu'agrandit au delà de toute proportion l'approche d'une mort éclatante; et puis qui, ramenés par une résipiscence grave et sublime à réfléchir sur l'essence même de leur âme, consomment cette veillée glorieuse à s'interroger et à discourir sur l'immortalité, avec autant de liberté d'esprit qu'ils l'auroient fait sous les voûtes du Portique ou les ombrages d'Académus.

Imaginez-vous que l'élite du genre humain étoit représentée là, dans une salle de la Conciergerie ; le noble et le plébéien, le prélat et l'homme de guerre, le poète et le tribun, le spiritualiste épris de ses espérances et l'incrédule dupe de son savoir; et que tout cela, joyeux comme dans une soirée de fête, alloit mourir le lendemain. Il n'y avoit pour eux ni appel en cassation ni recours en grâce; il n'y avoit pour eux ni combat à soutenir ni victoire à rêver; il n'y avoit que la guillotine et le bourreau.

Ce poème des Thermopyles de la liberté, vous le concevez mieux que moi; c'étoit celui que je me faisois quand j'avois encore du travail, de la patience et de la vie à dépenser. A force d'y réfléchir, j'y renonçai avec le sentiment de dérision

amère que dut éprouver Dédale quand il
s'aperçut que ses ailes de cire fondoient
au soleil. Je compris qu'il attendoit quelque Platon, qui daigneroit s'aider de la
verve satirique d'Aristophane dans un
tableau de l'école d'Eschyle; je pense
encore, en vérité, qu'il ne faudroit rien
de moins, et ce n'est pas cela, Dieu m'en
est témoin, que je viens offrir au public,
comme on dit dans les préfaces; mais un
sujet pour le premier venu qui saura le
sentir et le faire, comme je croyois
le faire quand j'avois un avenir : sujet
admirable à concevoir, sublime à exécuter, qui est à dix mille lieues de la
portée de mes plus hautes ambitions, à

moi qui n'ai plus que dix pas à imprimer sur la face de la terre.

« Vieillard, me diront les journaux qui font peser la responsabilité de ce titre respectable sur ma cinquantième année, qui peut donc vous déterminer à jeter aux yeux et aux dents de la critique une ébauche dont vous connoissez si bien les imperfections? »

Hélas, messieurs, c'est qu'elle m'avoit coûté des études assez longues, assez pénibles, des veilles assez laborieuses; et que les études et les veilles de ma jeunesse sont devenues la seule fortune de mon vieil âge. Produire, qui n'est pas pour moi une loi d'instinct, est pour moi une loi de nécessité; loi naturelle, honorable, qui ne manque pas de douceurs tant qu'on a des forces pour la subir, car l'homme qui se plaint d'être obligé à travailler est à peine digne de vivre. Ces études cherchées avec amour, recueillies avec conscience, approfondies avec conviction, mais toutes pâles, toutes froides, toutes mortes, laisseront cependant peut-être un galbe au dessinateur, un effet au coloriste, une inspiration au peintre ou au poète. Mon éditeur l'a pensé, et je desire vivement qu'il ne se soit pas trompé, parce qu'on ne m'ôteroit pas de l'esprit que ce livre sera beau quand il sera fait par un autre.

Qu'il me soit permis d'expliquer ici

l'importance que j'attache à mes matériaux, en réduisant toutefois leur valeur réelle à sa plus simple expression. Cela sera bientôt fait.

Les Girondins étoient les grandes figures historiques de mon enfance, les héros de la première tragédie qui eût frappé mes regards, les oracles de ma rhétorique. Je leur devois les premières émotions, les premiers sentiments qui fussent éclos dans mon cœur d'enfant; la sympathie, l'admiration, l'enthousiasme, je me pénétrois de leurs paroles et de leurs écrits; je les lisois, je les relisois, je les apprenois par cœur. Je m'identifiai peu à peu avec la partie la plus intime et la plus privée de leur vie; je m'accoutumai à vivre en imagination au milieu d'eux, à les observer dans le repos de la solitude, à les écouter dans la chaleur des débats. Je finis par me trouver quelquefois plus savant sur leur existence intérieure que la mémoire de leurs propres enfants, dont plusieurs sont devenus mes amis; quant à la forme de leur style, à la physionomie de leur langage, au caractère si imposant et si divers de leurs facultés tribunitiennes, c'étoient choses difficiles à imiter dignement, mais des gens d'une haute portée qui les ont bien connus m'accordent le mérite d'être vrai comme une contr'épreuve, et fidèle comme une version d'écolier. Mes tentatives en ce genre n'ont pas été entièrement infructueuses, puisqu'un de mes pastiches de Vergniaud, que je croyois avoir donné fort explicitement pour un pastiche, a pris place dans ses OEuvres.

Il est cependant facile de concevoir que cette esquisse étroite où l'homme ne paroît qu'un moment devoit nécessairement se ressentir de la contraction forcée du sujet. On ne jette pas vingt personnages dans un acte sans être obligé de les indiquer par des traits saillants qui sont plutôt leur charge que leur portrait. Ce seroit manquer l'objet de la composition la plus frivole que de reculer devant la circonstance qui caractérise un personnage, quand le drame entier profite de ce détail. J'ai donc pressé, condensé mes notions et mes souvenirs, parce que les limites de l'action ne me permettoient pas de les étendre et de les développer. Vergniaud, qui avoit tant de goût, s'exprimoit autrement que par apophthegmes poétiques ; il étoit simple, et souvent naïf dans le langage privé. Fauchet ne revenoit que par boutades oratoires au langage biblique; il en avoit, hélas ! parlé un autre. Mais l'homme que j'essayois de peindre, ce n'étoit pas l'homme considéré sous l'aspect général de sa vie; c'étoit le conventionnel frappé d'un arrêt de mort, et que Samson attend à la porte. Le biographe embrasse tout; l'historien du dernier jour ne voit que la fin : le premier peut ne rien négliger, le second se borne à étudier la crise et à raconter l'agonie.

Il y a, d'ailleurs, dans une scène suprême comme celle-ci, quelque chose d'épique et de théâtral qui jette hors de leur système normal toutes organisations humaines. C'est alors, si je m'en fais une juste idée, que doivent ressortir avec une vive saillie les moindres reliefs du caractère, et se dessiner d'un trait vigoureux ses moindres linéaments. Le modèle insouciant, négligé, distrait dans le cabinet du poète ou dans l'atelier du statuaire, ne pose pas à demi devant l'échafaud. Il tombe s'il est foible, ou il est lui tout entier. Quand l'âme est près de se débarrasser de ses derniers langes, elle ne fait pas de façon pour se montrer à nu. Si la dernière nuit des Girondins n'est pas celle que j'ai conçue, elle a dû étrangement lui ressembler.

Elle lui ressembloit du moins dans tous les détails qui me sont parvenus, dans tous ceux qu'il n'est pas permis à l'histoire d'inventer, et que j'ai puisés avec soin aux sources les plus authentiques. Il suffit de s'être occupé quelquefois de composition littéraire, comme tout le monde l'a fait, pour comprendre à merveille que si j'avois créé mes épisodes, je les aurois créés autrement; on m'accordera sans doute assez d'intelligence des combinaisons vulgaires du roman ou de la nouvelle, pour ne pas supposer, par exemple, que j'eusse mis en scène à peu de pages de distance deux personnages accessoires trop semblables par leur dévouement, comme le domestique de Duprat et le suisse de Gensonné, si je n'avois dû accepter ce défaut par fidélité à mon système. Et cependant ce défaut seroit grave dans un sujet d'invention; mais je serois bien étonné s'il se présentoit souvent à l'avenir dans un sujet historique. Les ménechmes de vertu n'embarrassent pas nos phrénologistes. Les âmes généreuses ne se montrent pas tous les jours à la paire.

J'ai encore à me justifier d'avoir fait asseoir au banquet des Girondins trois hommes détournés par l'expérience des voies de la république, et dont nos historiens, fort superficiels en cette matière, n'ont pas daigné constater avant moi le retour expiatoire aux vieilles doctrines sociales. Je citerai, dans les notes qui terminent ce volume, les autorités sur lesquelles je m'appuie à l'égard de Fauchet et de Duchâtel. Quant à Le Hardy, celui-là m'épargne la peine de prouver qu'il étoit royaliste. Il l'a dit. — Je me serois bien gardé de sacrifier une vérité de fait aussi essentielle, à l'entente d'un plan et à l'effet d'une opposition, dans un livre qui, en dernière analyse, n'est fait que pour renseignement.

Voilà bien des pages pour quelques pages qui ne méritent guère d'être lues, et qui ne sont bonnes qu'à refaire, comme je viens de le répéter formellement; mais j'ai une excellente raison pour défendre un de mes ouvrages qui n'a pas paru; c'est que le jour où il a paru, je me hâte de l'oublier, ce qui m'a donné, durant toute ma carrière littéraire, vingt-quatre heures d'initiative sur le public.

LE DERNIER BANQUET

DES GIRONDINS.

Ils firent en commun un dernier repas, où ils furent tour à tour gais, sérieux, éloquens.

THIERS,
Hist. de la Révolution, tom. V, p. 391.

PERSONNAGES.

ANTIBOUL, Charles-Louis, avocat à Saint-Tropez, député du Var, âgé de 40 ans.

BOILEAU, Jacques, avocat et juge de paix à Avallon, député de l'Yonne, âgé de 44 ans.

BRISSOT, Jacques-Pierre, dit de Warville, né au village d'Ouarville, près de Chartres, homme de lettres, député d'Eure-et-Loir, âgé de 39 ans.

CARRA, Jean-Louis, né à Pont-de-Veyle, homme de lettres, journaliste, gardien de la bibliothèque nationale, député de Saône-et-Loire, âgé de 50 ans.

DUCHATEL, Gaspard, né à Roabuçon, près de Thouars, cultivateur, député des Deux-Sèvres, âgé de 27 ans (I).

DUCOS, Jean-François, né à Bordeaux, homme de lettres, député de la Gironde, âgé de 28 ans.

DUFRICHE de VALAZÉ, Charles-Éléonore, né à Alençon, ancien lieutenant d'infanterie, avocat, homme de lettres, député de l'Orne, âgé de 43 ans.

DUPERRET, Claude-Romain-Lauze, gentilhomme languedocien, cultivateur, député des Bouches-du-Rhône, âgé de 47 ans.

DUPRAT, Jean, né à Avignon, négociant, député des Bouches-du-Rhône, âgé de 33 ans.

FAUCHET, Claude, né à Dorne, dans le Nivernois, homme de lettres, prêtre, évêque constitutionnel du Calvados, député de ce département, âgé de 49 ans.

FONFREDE, Jean-Baptiste **BOYER**, né à Bordeaux, négociant, député de la Gironde, âgé de 27 ans.

GARDIEN, Jean-François-Marie, avocat, député de la Vienne, âgé de 43 ans.

GENSONNÉ, Armand, né à Bordeaux, avocat, député de la Gironde, âgé de 35 ans.

LACAZE, Joseph, né à Libourne, négociant, député de la Gironde, âgé de 42 ans.

LASOURCE, Marie-David-Albin, né à Angles en Languedoc, ministre de la religion réformée, député du Tarn, âgé de 38 ans.

LE HARDY, Pierre, né à Dinan, docteur en médecine, député du Morbihan, âgé de 35 ans.

LESTERPT-BEAUVAIS (B), né à Florac, avocat au Dorat, député de la Haute-Vienne, âgé de 45 ans.

MAINVIELLE, Pierre, né à Avignon, négociant-associé d'une maison de soierie, député des Bouches-du-Rhône, âgé de 28 ans.

SILLERY, Charles-Alexis (**BRULART de GENLIS**, marquis de) né à Paris, député de la Somme, âgé de 57 ans.

VERGNIAUD, Pierre-Victurnien, né à Limoges, avocat, député de la Gironde, âgé de 35 ans (II).

VIGER, ou **VIGÉ**, Louis-François-Sébastien, né aux Rosiers en Anjou, ancien officier de marine, ancien magistrat, membre de l'Académie d'Angers; en dernier lieu, grenadier de volontaires; député de Maine-et-Loire, âgé de 36 ans (III).

Jean-Baptiste **MORAND**, domestique de Duprat.

Pierre **ROMONT**, de Payerne, ancien cent-suisse, guichetier de la Conciergerie.

L'action commence le 30 octobre 1793 à dix heures du soir, et finit le 31 octobre à onze heures et demie (IV).

Il étoit près de dix heures, le 30 octobre 1793 au soir, quand les portes de la Conciergerie s'ouvrirent, pour laisser rentrer vingt-et-un prisonniers qui descendoient du tribunal.

Quatre guichetiers les précédoient, armés de longues pelles de fer, sur lesquelles étoient plantées des torches de résine brûlantes. Un groupe de soldats s'arrêta dans l'intérieur; le bruit des fusils et des piques annonçoit que l'extérieur étoit gardé. Ces militaires n'appartenoient à aucune troupe régulière ; ils ne portoient le chiffre ou l'uniforme d'aucun bataillon. Leurs moustaches épaisses, leurs vêtements en désordre, leurs bonnets couleur de sang, le bruit rauque de leurs voix et de leurs rires, témoignoient assez qu'ils faisoient partie de ces janissaires de la commune, dont le peureux Hébert avoit stimulé le dévouement hideux à force de rage et de vin. C'étoit dans cette cohorte que les maires du palais recrutoient depuis le 31 mai des témoins, des juges, des geôliers, des bourreaux. C'étoit septembre armé.

Les portes se refermèrent. Tous les prisonniers en jugement étoient rentrés. Une partie des prisonniers de l'intérieur avoient attendu leur retour dans les salles, autant qu'on le leur avoit permis, par complaisance pour les moins hostiles, par condescendance pour les plus riches. Les autres l'épioient à travers les grilles des cours et les barreaux serrés des fenêtres. Un sentiment de curiosité inquiète, de profonde et muette attention, les suivoit dans leur marche. Aucun cri ne s'éleva, car il avoit été impossible de trouver sur la physionomie des accusés du matin l'éclaircissement d'un doute qui tourmentoit tout le monde. On reprit courage, on espéra, on pensa qu'ils n'étoient pas jugés.

Le premier qui parut étoit un homme à peine parvenu à l'âge où l'on cesse d'être jeune pour commencer la vie sérieuse de la réflexion et de la maturité. Des formes élégantes; une tenue recherchée, un peu trop recherchée peut-être; une physionomie vive, spirituelle, mobile, qu'animoit un sourire presque inaltérable dont l'expression riante, mordante, sardonique, suivant les occasions, révéloit quelque arrière-pensée malicieuse, formoient les traits caractéristiques de ce député. Sa vaste chevelure renversée sur le front et chargée de poudre à la manière du temps, mais dans laquelle il aimoit à passer souvent la main, sans craindre d'en déranger la symétrie, prêtoit à sa tête élevée, foiblement penchée en arrière, un air de majesté très-favorable à la pompe du débit oratoire. Il marchoit avec l'aplomb d'un ministre qui va prendre possession du cabinet, et parloit en marchant, avec l'attention d'un homme qui veut être écouté, à ceux de ses collègues qui l'entouroient, dirigeant tour à tour sur chacun la portée de sa phrase infaillible, mais sans élever la voix, sans gestes, sans mouvements passionnés, sans inflexions véhémentes, du ton d'un causeur indifférent, avec la limpidité facile d'un discours qui coule de source, et dont aucune passion profonde, aucun intérêt pressant, aucune émotion sensible ne trouble le cours naturel. Autour de Gensonné, —c'est le nom de ce personnage à l'attitude calme et à l'esprit reposé—, gravitoient en quelque sorte, comme suspendus à ses paroles, avec une avidité curieuse mêlée de soumission et de respect, Lacaze, Gardien, Lesterp-Beauvais, Antiboul, les cliens les plus assidus de ce talent égal et pur qui avoit honoré dix ans le barreau et la tribune. Ceux-ci, dont les traits ne manifestoient d'ailleurs d'autre impression que celle d'une déférence silencieuse, sembloient retenir leur haleine et suspendre leurs pas pour ne rien perdre de ces accents d'une éloquence grave et douce que le groupe suivant couvroit de moment en moment d'éclats tumultueux.

C'est que les trois hommes qui venoient ensuite se trouvoient rarement réunis sans qu'il s'élevât entre eux une contestation orageuse, quoiqu'il existât d'ailleurs à peu de chose près une grande analogie dans leurs affections et leurs principes ; mais il ne falloit qu'une étincelle pour allumer dans ces âmes inflammables de violents incendies qu'un souffle éteignoit aussi aisément. L'ardente exaltation de leur caractère étoit si connue à la Convention nationale, qu'on ne les auroit pas vus sans étonnement dévouer leur vie à la cause périlleuse de l'ordre et de la modération, si cette alliance d'une organisation impétueuse et d'une profonde bienveillance avoit été alors un phénomène nouveau, surtout pour les observateurs qui ont étudié le tempérament moral de quelques-unes de nos provinces. Duperret, dont quarante-six hivers n'avoient pas refroidi la fougue languedocienne, étoit un de ces gentilshommes à l'éducation chevaleresque et aux traditions de duel et de guerre, dont les mœurs de castel, exemptes de l'influence de la cour, avoient conservé jusque là sans altération le vieux type d'héroïsme barbare et de galante politesse qui distingua les paladins; amis sûrs, ennemis courtois comme les héros des Amadis, mais qui faisoient passer au dessus de toutes les doctrines la dernière raison de l'épée (V). Viger, angevin mobile à la tête bretonne, ne s'étoit arrêté à rien dans le choix de sa carrière sociale, mais il avoit touché à tout. Officier de mer, officier de terre, homme de loi, magistrat, littérateur, académicien, il s'étoit fait simple soldat dans l'âge mûr, et l'esprit des camps avoit prévalu sur ses autres penchants, quand il vint subir pendant quelques jours sa dernière métamorphose au sénat d'un peuple en révolution. La vie pratique du troisième auroit dû le placer sur une ligne bien différente, mais Lasource étoit pénétré aussi des feux de ce soleil méridional qui fait bouillir le sang jusque dans les veines d'un ministre de paix. Interprète de la parole de Dieu dans le culte réformé, personne n'avoit payé cependant un plus large tribut aux passions effrénées du temps. Sa dialectique impétueuse ne s'épanchoit d'ordinaire qu'en agressions et en menaces, et ses emportements se prenoient souvent à ses propres amis dans les discussions les plus pacifiques. Une sympathie difficile à expliquer, à moins qu'elle ne résultât du bésoin de la dispute, avoit étroitement rapproché dans la prison ces trois tribuns de fer dont les formes anguleuses ne se heurtoient jamais sans fracas. On ne fut donc pas surpris de les entendre parler avec une violence qui leur étoit habituelle, et que la parole incisive et cavalière, mais plus euphémique et plus posée de Duperret, ne parvenoit point à calmer. On ne supposoit pas qu'ils pussent parler autrement. On se demandoit seulement par quel hazard l'intrépide Valazé manquoit à ce groupe querelleur où il avoit coutume de faire sa partie avec une énergie de légiste profès, qui justifioit la réputation des imperturbables bretteurs de Caen et d'Alençon. On le chercha inutilement dans la foule. Valazé n'y étoit pas.

Derrière eux marchoit un homme seul qui

ne témoignoit nulle envie de se rapprocher de personne, et qui se suffisoit à lui-même dans un soliloque monotone dont on ne perdoit pas une parole, tant il avoit soin de le répéter à chaque station, mais qui n'en étoit pas moins inintelligible pour les écoutants. « Vive la république! disoit Boileau, le juge de paix d'Avallon, en frappant à coups réitérés sur sa tabatière : « Vive la république une » et indivisible! vive la Montagne impéris- » sable! je ne suis pas fédéraliste moi! je suis » un bon et sincère montagnard! »

Cette profession de foi, trop tardive dans le député naguère autrement inspiré, qui avoit appelé Marat un *monstre* quelques mois auparavant, excitoit à des degrés différents la gaieté de deux couples amis qui s'avançoient presque ensemble sur les pas de Boileau, la figure épanouie et les bras entrelacés. C'étoient quatre jeunes gens.

Des premiers, l'un avoit la physionomie plus calme et plus réfléchie que les autres. On devinoit à le voir que son front de vingt-sept ans avoit pu déjà se rider au souci des passions et des affaires, et que ce qui lui manquoit d'expansion tenoit moins à une préoccupation momentanée qu'à une ancienne habitude. Le second avoit toute la vivacité de son âge, et son œil assuré, radieux, resplendissant d'une pure joie, brilloit de cette assurance étourdie qui ne messied pas à une forte jeunesse. Il fredonnoit un refrain, essayoit un air, improvisoit un couplet, et puis il échangeoit avec son compagnon un regard et un sourire, car ils étoient unis par un étroit attachement dont quelque alliance de famille avoit encore resserré le lien fraternel, et l'histoire même embrassera dans un souvenir commun les noms jumeaux de Boyer-Fonfrede et de Ducos.

L'autre couple étoit animé d'une gaieté plus bruyante, qui se manifestoit d'ordinaire par des éclats étourdissants, mais qui sembloit enchérir ce jour-là sur sa folie accoutumée. Aussi le nom des deux négociants d'Avignon, Duprat et Mainvielle, couroit sur la bouche des spectateurs, long-temps avant qu'ils eussent paru. Le rôle violent et sans excuse qu'ils avoient joué dans les révolutions de leur malheureuse patrie paroissoit cependant de nature à leur laisser des souvenirs assez austères pour tempérer ces joyeux emportements, mais, revenus depuis quelques mois à des sentiments plus doux, ils goûtoient le prix de leur retour aux idées sociales et de leur expiation précoce. Mainvielle surtout, qui n'avoit fait dans la Convention nationale qu'une apparition d'un moment, et que les brutales antipathies de la Montagne avoient jeté dès le jour de son admission dans le parti modéré (VI). Agé de vingt-sept à vingt-huit ans, il étoit avec Duchâtel le plus beau des accusés, et la douceur de ses inclinations naturelles, rendues à leur propre instinct, avoit promptement racheté les torts vrais ou faux que lui donnoit sa réputation; car il y a des jours dans les annales d'un peuple en délire où la plus simple résipiscence peut avoir tout l'héroïsme de la vertu. On auroit dit que la providence indulgente eût voulu le payer, même sur la terre, du courage de cette libre réparation, en lui épargnant jusqu'à la tristesse du remords. Son rire naïf et inextinguible, comme celui d'un enfant heureux de peu de chose, avoit souvent troublé à la tribune le montagnard le plus intrépide; il avoit enrichi d'un accompagnement bizarre la basse solennelle de Danton et les glapissemens féroces de Marat. Devant le tribunal révolutionnaire, on venoit de l'entendre couvrir dix fois la voix fausse et vagissante de Fouquier-Tinville, les cris des huissiers, et la sombre rumeur de l'auditoire. Au moment où nous parlons, il l'interrompit tout à coup pour déployer les grâces de sa belle tournure, et rajuster d'une main nonchalante les boucles dérangées de ses cheveux. Il croyoit avoir aperçu une femme qui se montroit à peine, en effet, à travers les ombres de la cour, appuyée sur le bras d'un guichetier compatissant et sensible—il y en avoit un alors à la Conciergerie—; mais ce que cherchoit le regard attentif et inquiet de cette femme, ce n'étoit pas Mainvielle.

Cette diversion subite permettoit à Brissot d'achever quelques phrases qu'il adressoit à son plus proche voisin. Le premier de ces interlocuteurs étoit un homme de trente-six à quarante ans, grêle, court, un peu contrefait, dont la figure commune n'offroit de remarquable qu'une excessive pâleur encore augmentée par les veilles et par le travail. Ses vêtements étoient fort simples, mais d'un goût singulier, ses cheveux ronds, plats et sans poudre, comme ceux des quakers, et toutes ses manières empreintes d'une sorte d'originalité qu'on n'auroit retrouvée d'ailleurs ni dans ses discours ni dans ses écrits. Comme publiciste et comme philosophe, il ne s'étoit distingué de la foule des hommes qui ont acquis par l'étude un assez grand nombre d'idées, et qui ne les expriment pas mal, qu'à la faveur de quelque teinture des langues étrangères, et des nouvelles sciences politiques qui avoient produit la révolution. Comme orateur, il étoit plus riche en pensées qu'en formes et plus disert qu'éloquent, mais il possédoit le genre de talent oratoire le mieux approprié au besoin des gouvernements représentatifs, l'érudition des affaires et la lucidité des expressions. Il avoit commencé par affecter les manières de Jean-Jacques Rousseau à qui ses amis le comparoient volontiers, et s'il lui étoit fort inférieur en génie, il ne lui cédoit pas du moins en probité de caractère et en chaleur de sentiments. Il est vrai de dire que dans toutes les circonstances où la fortune auroit pu le placer, Brissot auroit été un homme remarquable, et qu'entraîné au-delà de sa portée naturelle par le véhicule des révolutions, il avoit quelque droit de se regarder comme un homme extraordinaire. Cette conviction lui inspiroit pour lui-même une sorte de complaisance qui se manifestoit dans sa manière de s'exprimer, ou pour mieux dire dans l'attention caressante avec laquelle il s'écoutoit. Aussi les explosions extravagantes de Mainvielle et de Duprat l'avoient désagréablement interrompu dans l'allocution qu'il adressoit à Carra, quand elles commencèrent à éclater sous les voûtes de la prison.

Celui-ci étoit de tout le parti de la Gironde l'homme qui inspiroit le moins d'intérêt. Cinquante années aventureuses passées à travers l'Europe dans des professions occultes et même suspectes, s'il falloit en croire les chroniques diffamatoires de la basse littérature; une réputation au moins obscurcie par des préventions qui n'avoient jamais été entièrement justifiées, mais qui n'avoient jamais été entièrement détruites; un genre d'instruction peu national qui ne se composoit que de notions hétéroclites sur les subtilités de la physique ou sur les vaines hypothèses de l'étymologie ; une conversation diffuse et indigeste où se confondoient les opinions les plus disparates, les propositions les plus téméraires, les paradoxes les plus effrénés, dans un chaos d'hyperboles effrayantes d'exagération et de mensonge ; la violence enfin de ses doctrines politiques qui ne paroissoient se modérer que depuis le procès du roi, tout se réunissoit pour mal disposer en sa faveur le grand nombre des esprits raisonnables; et cependant, on convenoit assez généralement dans le cercle étroit de ses habitudes familières, où il étoit mieux connu et devoit être mieux apprécié, qu'il y avoit de la bonne foi dans son charlatanisme et de la candeur dans sa folie. Brissot, qui en faisoit peu de cas, ne dédaignoit pourtant pas son entretien, parce qu'il lui trouvoit quelque aptitude à le suivre dans ses raisonnements, et des connoissances d'ailleurs extrêmement rares parmi les membres les plus éclairés de la Convention. Pour cette fois, Carra ne l'avoit écouté qu'imparfaitement. Il étoit préoccupé lui-même de sa grande théorie physique sur l'éternelle reproduction des modes et des accidents de la matière, la plus creuse, la plus vivace et la plus obstinée de ses chimères philosophiques, et il regrettoit amèrement de la laisser imparfaite, car il doutoit, non sans motif, qu'aucun de ses adeptes en eût conservé l'entier souvenir avec tous ses syllogismes, tous ses dilemmes, tous ses théorèmes et tous ses corollaires.

Quoique Brissot s'arrêtât de temps en temps pour insister par une pause calculée sur une nuance importante de sa pensée, on remarqua quelque vide entre eux et le député qui les suivoit; et on put juger à l'espèce d'affectation avec laquelle ce nouveau personnage s'isoloit, que ce n'étoit pas sans dessein qu'il se tenoit si soigneusement éloigné de ses collègues. Son âge étoit déjà assez avancé, mais la supériorité qu'il paroissoit rechercher devoit être fondée sur une autre espèce de droits, car il avoit conservé dans ses manières quelque chose d'aisé, de poli et de gracieux qui appeloit la bienveillance et ne demandoit pas le respect. Ce n'étoit, à le bien considérer, qu'un jeune homme vieilli par le temps et non par le caractère. Ses cheveux même ne trahissoient pas ses années, tant les soins de la toilette en avoient habilement dissimulé la blancheur. Une propreté élégante que rehaussoient quelques ornements d'un luxe alors réprouvé; les bijoux qui étinceloient à ses doigts, et qu'il livroit au jeu de la lumière en déployant sa main à travers les nœuds flottants de sa cravate, son port droit et cérémonieux, sa marche courte et méthodique, le sourire même d'une haute bonté qui voloit sur ses lèvres protectrices, et qui répondoit de côté et d'autre à tous les regards, tout annonçoit en lui un courtisan tombé dans les rangs populaires par l'effet des événements qui venoient de s'accomplir, et impatient de ce rôle déplacé qui l'avoit assimilé malgré lui à de simples citoyens. Cet aristocrate de la Gironde étoit en effet un homme de cour qui passoit pour n'avoir ambitionné la faveur de l'opinion que dans l'intention d'en faire hommage à une amitié élevée, mais dont la conscience naturellement droite avoit depuis long-temps sacrifié l'une et l'autre aux devoirs de l'honnête homme. Satisfait d'échapper par la mort même à la responsabilité de sa vie historique, il reprenoit avec fierté l'ascendant qu'il croyoit tenir de son rang et de sa naissance, et le moment de sa chute du faîte des honneurs populaires l'avoit replacé tout à coup à ses propres yeux au-dessus de ses égaux de la veille. C'étoit encore la familiarité complaisante du collègue, mais relevée par l'abandon sans conséquence du grand seigneur.

Sillery, que nous venons de voir, étoit le plus âgé de ces hommes d'état que la Convention muette de terreur avoit abandonnés le 2 juin aux fureurs de la Montagne. Duchâtel, qui marchoit après lui, aussi solitaire et plus pensif, en étoit le plus jeune. Élevé dans les soins d'une ferme, quoique sorti d'une famille qui avoit, dit-on, des prétentions à la noblesse, son enfance robuste s'étoit développée au milieu des mâles exercices et des pratiques religieuses du Vendéen, mais la guerre civile le surprit à cet âge où aucune opinion n'est invariablement formée, et où les illusions deviennent facilement des passions quand elles ont de la grandeur. Duchâtel combattit pour la révolution contre ses compatriotes, et son nom ne resta pas sans gloire dans cette guerre françoise où il y avoit du courage et de l'honneur sous les deux drapeaux. On apprit cependant qu'il s'étoit refusé à tout avancement, et à cette époque où deux hautes vertus des républiques, le désintéressement et la modestie, étoient, par une exception rare dans notre histoire, estimées à leur valeur, le soldat se vit avec surprise transformé en député, sans avoir ambitionné ces nouveaux hasards plus dangereux que ceux des batailles. C'est ainsi que Duchâtel étoit venu s'asseoir à vingt-cinq ans dans la Convention nationale, et qu'il y avoit assisté à l'ouverture du procès de Louis XVI. L'aigreur de ces débats, si peu judiciaires et si étrangers à ses mœurs, avoit consterné son cœur; épouvanté de l'importance inattendue de sa mission, et des étranges devoirs qu'elle alloit lui imposer, il fut près de succomber aux émotions douloureuses qui envenimoient de jour en jour ses blessures mal cicatrisées. L'héroïsme de l'humanité le défendit seul des atteintes de la maladie, et mourant, il se fit porter à la tribune, pour y proférer sous les menaces et sous les poignards un vote d'absolution. Cette circonstance solennelle avoit laissé dans son caractère, dans ses habitudes, dans ses traits, une profonde impression d'attendrissement et d'effroi, que la rare beauté de ces formes et de cette figure apolloniennes dont parle Louvet rendoit encore plus pathétique. Aucun sentiment agréable n'avoit semblé depuis éclaircir sa physionomie naturellement grave et rêveuse. On le voyoit immobile, silencieux, pénétré d'une préoccupation inconnue, comme un homme qui cherche à se recueillir et à se rendre compte d'un mystère pénible et mal débrouillé. Dans la soirée du 30 octobre, on ne remarqua pas sans surprise qu'une sérénité qui indiquoit l'oubli des inquiétudes et le calme du cœur, commençoit à renaître sur son visage. Seulement, quand il traversa la partie de la cour intérieure où la coquetterie présomptueuse de Mainvielle avoit été éveillée par une vision fugitive, il s'arrêta un moment, les regards fixés sur le même point, pour y chercher sans doute le même objet, qui parut en effet avec la rapidité d'une ombre, et puis disparut dans le corridor, derrière une porte qui redescendoit lourdement sur ses gonds (VII). Duchâtel avoit imposé sa main sur son front, en élevant ses yeux vers le ciel; mais sa main étoit retombée, son front étoit aussi pur qu'auparavant, ses yeux brilloient d'une pensée douce qui n'avoit plus rien de vague ni d'incertain; ses lèvres sourioient sans amertume; le bruit de l'absolution des accusés, qui n'avoit cessé de s'accroître sur leur passage, finissoit de se confirmer, quand un nouveau spectacle renouvela toutes les anxiétés, et les termina.

Dix-sept accusés étoient rentrés dans le parloir des prisonniers, et vingt-et-un le matin avoient franchi le préau. Ce calcul occupoit tous les esprits quand survint un dernier groupe, qui offroit plus de profondeur apparente que les autres, quoiqu'on ne vît se dessiner que trois têtes au-dessus de cette masse projetée en ombres noires par la clarté des derniers flambeaux; et on en conclut que les hommes qui la fermoient devoient marcher courbés, parce qu'ils portoient quelque chose.

Les deux premiers des arrivants étoient bien connus de leurs compagnons de captivité, qui avoient eu assez de temps pour se faire à leurs mœurs et à leur esprit, dans l'intimité de la prison où toutes les âmes se mettent à découvert, et personne ne s'étonnoit de n'avoir pas encore aperçu Vergniaud, qui arrivoit partout le dernier, parce que, dans ses distractions habituelles, il avoit toujours oublié quelque chose. C'étoit donc Vergniaud d'abord, Vergniaud, le front haut, l'œil errant sur tous les objets sans les regarder, imposant dans l'abandon même de sa démarche et de ses manières, de toute la grandeur qui s'attachoit au souvenir de ses paroles; insouciant de la minute qui venoit de s'écouler, insouciant de la minute à venir; la main droite occupée à jouer dans les breloques de sa montre, comme à la tribune du manége; la main gauche égarée des plis de son jabot fatigué aux touffes mal ordonnées de ses cheveux qu'il avoit laissé croître depuis qu'il n'avoit plus de domestique; Vergniaud rêvant, et qui pourroit dire à quoi Vergniaud rêvoit, si ce n'est à l'objet le plus étranger à sa situation présente, au thème imparfait de son premier plaidoyer, au mouvement interrompu de son dernier discours, à une idée, à un sentiment dont le fil alloit se rompre dans sa vie.

A son oreille se penchoit un homme beaucoup plus âgé, sans être vieux, qui murmuroit d'une voix grave comme les chants de l'église quelques paroles puissantes, car Vergniaud tournoit de temps en temps la tête de son côté avec un commencement d'attention qui ne tardoit pas à s'évanouir. Celui-ci étoit un prêtre en effet, et sa longue chevelure tonsurée, qui descendoit sans soin sur ses épaules, annonçoit qu'il avoit repris dans la captivité les insignes respectables de son ancien état, comme il en avoit repris le langage, car Fauchet avoit abjuré depuis près d'un an l'argotisme puéril des sociétés secrètes, si cher à son ami Bonneville (VIII), son rival d'éloquence et d'ingénuité, pour revenir aux magnifiques inspirations de la Bible. Ce grand caractère de la pensée qui s'étoit manifesté dans ses derniers discours, et qui avoit souvent frappé Vergniaud lui-même, se reproduisoit depuis dans les moindres élans de sa vive sensibilité, dans les moindres détails de ses causeries familières.—Et c'étoit ce prodigieux ascendant de la seule langue oratoire qu'il n'eût pas connue, qui saisissoit par moments l'attention étonnée de Vergniaud, trop fidèle aux leçons des orateurs classiques dont il auroit été le maître.

Le troisième, c'étoit le bon docteur Le Hardy, sage et savant médecin de Dinan, fort ignoré aujourd'hui des biographes, quoique l'exemple de sa nomination ne soit pas à dédaigner chez un peuple qui cherche encore un bon système électoral, et qui n'est guère sur la route de le trouver, s'il faut s'en rapporter aux apparences. L'acte de son élection porte qu'il a été choisi à l'unanimité et par acclamation, *comme le plus homme de bien* (IX).

Le Hardy soutenoit de ses deux mains une tête abattue sur une espèce de claie couverte d'un drap sanglant.

Et on comprit alors pourquoi on n'avoit compté que vingt Girondins.

Le convoi tout entier fut enfin réuni dans la salle où les députés s'assembloient chaque soir pour prendre leur repas. La table étoit servie, les siéges disposés. Un vieux serviteur, étranger à la maison, mais qui étoit parvenu à s'y introduire; un guichetier à la mine sévère, mais aux soins compatissants, que nous avons déjà entrevu prêtant l'appui de son bras à une pauvre et tendre femme, en avoient fait les apprêts.

Les porteurs déposèrent leur charge au fond de cette salle, et précisément au-dessus du fauteuil où Vergniaud se laissoit tomber négligemment, en vertu des droits non abrogés de sa dernière présidence.

Le Hardy, qui les avoit accompagnés jusque-là d'un air d'attention religieuse que n'éclairoit aucune lueur d'espérance, découvrit le cadavre de Valazé. Il détacha les vêtements qui cachoient sa blessure, en approcha un flambeau, la sonda du regard et du doigt, fit deux pas dans la salle, et dit d'une voix ferme et posée : — Le coup a pénétré le cœur; il est mort.

—Docteur, répondit Vergniaud, sacrifiez un coq à Esculape, voilà déjà un de vos malades guéri.

C'est alors seulement que l'on fut vaguement informé à la Conciergerie des choses qui venoient de se passer au tribunal. Tous les accusés étoient condamnés sans exception, et ils avoient accueilli leur sentence par le cri de : *Vive la république!* On n'en remarquoit pas plus de quatre qui ne se fussent point unis à leurs collègues dans cet élan solennel, Fauchet, Duchâtel, Le Hardy et Valazé; les trois premiers, distraits par une méditation inaltérable qui sembloit les absorber depuis le commencement de la procédure, et qui les avoit rendus étrangers à tous ses détails; l'autre occupé à se dérober à ses bourreaux sans les avertir par un cri ni par un mouvement. Il dirigea le fer avec une impassibilité si sûre qu'on ne s'aperçut pas de la plus légère émotion dans ses traits; et quand il échappa aux mains de Gensonné, qui s'efforçoit de le retenir assis sur sa banquette, en lui disant : *Que fais-tu donc, Valazé, as-tu peur?...* — quand il répondit : *Je meurs*, avec le calme stoïque de Brutus, Valazé mouroit en effet. Sa dernière parole, c'étoit son dernier soupir.

Les différents personnages de l'action que nous essayons de décrire s'étoient distribués sur différents points de la salle du festin, les uns en poursuivant l'entretien commencé, les autres en se rapprochant selon les affections ou les intérêts qui pouvoient les occuper encore, et le bruit de quelques conversations confuses venoit expirer autour de Vergniaud qui ne prenoit part à aucune. Fauchet cependant ne s'étoit pas éloigné de lui, et ses paroles empruntoient une nouvelle majesté de l'appareil tragique qui l'entouroit, car sa tête élevée se perdoit presque dans les plis du linceul de Valazé : — Oui, disoit-il, une main étendue dans l'attitude de la prédication, oui, Vergniaud, ceci est une des réparations que le vengeur s'étoit réservées dans sa colère, et trop heureux le genre humain s'il les épuise sur nous! Le sang appelle le sang, et quiconque a tué de l'épée sera dévoué à l'épée.

— Sacrifice pour sacrifice, ajouta Duchâtel en les rejoignant ; après l'homicide, l'expiation.

Vergniaud regarda Duchâtel avec quelque étonnement.

— Eh quoi, dit-il, monsieur Duchâtel,

nous faites-vous entendre le chant du cigne ? Jamais, continua-t-il en souriant, vos lèvres nobles et pures ne s'étoient ouvertes à un pareil nombre de syllabes! la terreur qui délie quelquefois la langue des muets produiroit-elle sur vous le même effet que sur l'enfant de Crésus ?

— Je n'ai point de terreur, répondit Duchâtel. Je vais mourir. La terreur est pour les coupables.

— Arrêtez, reprit vivement Vergniaud en promenant un regard inquiet à ses côtés, comme s'il avoit craint que le bruit de cette conversation ne parvînt à des auditeurs qui ne seroient pas aguerris à l'entendre; — arrêtez, Duchâtel, et songez que c'est un rôle trop cruel pour votre âge et pour votre caractère que celui de Némésis au chevet des mourants. —Permettez-moi de croire d'ailleurs que les yeux du juge devant lequel ma conscience est prête à se développer sont plus infaillibles que les vôtres, et daignez attendre, pendant quelques heures, cet incompréhensible demain sur lequel je compte comme vous, sans le redouter davantage. Nous avons admiré votre vertu de conviction et de dévouement ; pourquoi ne prendriez-vous pas en pitié notre pénible et rigoureux courage ? Croyez-vous qu'il n'ait rien coûté ? Ce n'est pas l'action qui fait la faute ou le crime aux yeux de la justice éternelle, c'est la conscience. La solution de la question fatale qui nous a divisés n'est pas suspendue pour long-temps. Si votre foi est vraie, si mes espérances ne m'abusent point, elle viendra retentir à nos oreilles, avant que l'aiguille des heures ait achevé de parcourir ce cadran où elle marche si vite. Contenez d'ici là dans votre cœur généreux, — réprime, Fauchet, dans le tien — une expansion qui troubleroit la fête de nos adieux, peut-être éternels ! car rien de l'homme n'est invinciblement démontré à l'homme. Nous descendons dans l'antre de la Sibylle, et les oracles ne sont pas pour aujourd'hui.

Fauchet s'assit. Duchâtel tendit la main à Vergniaud, parce qu'il l'aimoit ; et cette discussion sur une affaire solennelle où la moitié des Girondins avoit rompu violemment avec l'autre ne se renouvela plus.

La confusion des groupes et des discours alloit toujours en s'augmentant, et ce n'étoit pas sans peine qu'on y pouvoit saisir çà et là quelques phrases éparses, brusquement enveloppées par des voix confuses, que dominoient de loin en loin les rires bruyans de Ducos et de Mainvielle.

— Qui nous empêcheroit plus long-temps, s'écria enfin celui-ci, de prendre place à un repas délectable, à un repas digne, s'il en fût jamais, des voluptueuses soirées d'Hérault-Séchelles, de Quinette et de Danton, avec la brune Gabrielle et Illyrine l'évaporée (X)?

— J'y reconnois les soins de Bailleul (XI), ajouta Ducos, et je conviens qu'il a présidé en conscience à l'ordonnance du festin. Il manque seul au nombre de nos convives ordinaires, et c'est la première fois que notre amitié trouve à se consoler de son absence. Nous lui voterons des remerciements, le verre à la main.

— Cela vaudra mieux pour lui, reprit Mainvielle, que le baiser fraternel dans le panier de Samson. — Et Mainvielle rit.

— La séance est ouverte, dit Vergniaud. Je vous convoque au repas libre des anciens chrétiens. Laissons rugir jusqu'à demain les tigres qui nous attendent.

Tout le monde étoit assis, à l'exception de Duprat qui serroit la main d'un vieux serviteur que nous avons aperçu en passant, et qui lui adressoit d'un air presque filial des paroles d'amitié.

— Je te cherchois, Baptiste, et je m'étonnois de ne pas te voir. Oublies-tu que j'aime à commencer le souper en échangeant avec toi une large rasade? il seroit un peu tard aujourd'hui pour renoncer à mes habitudes.

— Je vous demande pardon, monsieur, répondit Jean-Baptiste Morand (XII) à demi-voix, mais j'étois si pressé de m'informer... et on ne sait à qui se fier dans cette maison... — Il y en a qui parlent des fers, de la détention à perpétuité, de la déportation... — de la mort!

Il se baissa jusqu'à l'oreille de son maître, qui s'asseyoit à côté des autres pour lui dérober une émotion involontaire dont il avoit honte.

— Quelques-uns de ces messieurs seroient-ils en effet condamnés... Mon Dieu! condamnés à mourir!...

— Nous le sommes tous, Baptiste, condamnés tous à mourir demain, sauf ce diable de Valazé qui s'est bravement tiré d'affaire, pour ne pas avoir de comptes à régler avec le bourreau; et je me trouverois trop heureux de pouvoir faire la même espièglerie à mes créanciers, si Émilie... pauvre Émilie! que va-t-elle devenir?...

Jean-Baptiste s'étoit laissé presque défaillir au commencement de la réponse de Duprat, et il se retenoit à peine au bois de la chaise de ce beau jeune homme qu'il aimoit tant; car Jean-Baptiste avoit été son père nourricier.

— A ces derniers mots qui retentissoient plus loin que Duprat ne l'auroit voulu, à ce sanglot qui trahissoit le désespoir secret du rieur, et qui suspendit un moment la distribution du souper, Jean-Baptiste se releva aussi droit que le lui permettoit sa longue stature, un peu courbée par le temps :

— Vos créanciers, monsieur, vous n'en

avez plus, dit-il avec fermeté. Il vous redevoient quelque chose, et ils ont été contents de tout prendre. Quant à madame, elle conserve cette petite maison de Villeneuve qu'elle préféroit à celle d'Avignon, et il lui reste avec son domaine, en pleine propriété, les dix-sept cent trente livres de rente de Jean-Baptiste Morand.

— Votre fortune, Baptiste, après avoir arrangé mes affaires, selon toute apparence, du produit de quelques autres épargnes que vous aviez faites dans mon commerce, au temps passager de sa prospérité!... Mais que vous restera-t-il, à vous?...

— L'amour et la crainte de Dieu où j'ai été élevé, monsieur; et puis du pain chez madame Duprat. Je n'ai jamais eu d'autre ambition. J'ai commencé par votre pain, et je finirai par votre pain, en tout bien tout honneur, sans avoir fait tort à personne. J'aurois passé avec vous le peu de jours que j'ai encore à vivre. S'il faut que vous partiez le premier... — Hélas! cela est donc vrai! — je serai jusqu'à la mort le fidèle domestique de madame Duprat et de vos enfants, comme j'ai été celui de votre père et le vôtre. Je ne me connoissois point de famille; je n'ai jamais eu qu'un fils à caresser au berceau, et c'est celui que vous êtes venu remplacer dans les bras de ma femme. Elle aussi s'en est allée, sans me laisser aucun devoir à remplir sur terre. Le Seigneur soit loué en toutes choses! Tout ce que je possédois me provenoit de vos parents qui m'ont fait presque riche, et de vous, monsieur, qui preniez plaisir à grossir mon mince trésor de vos libéralités de jeune homme. — Je disois en moi-même : C'est bien; Jean éparpille sa fortune, mais ses enfants ne perdront pas tout! et quand je vous grondois avec le respect que je vous dois, vous vous contentiez de rire comme un fou en appuyant vos mains sur mes épaules; car vous étiez si aimable et si doux avant la révolution, vous me traitiez si bien comme un ami, que j'ai pu m'accoutumer... Pardon, monsieur Jean!... que j'ai pu me croire autorisé à vous regarder, moi, comme mon fils et mon héritier...

Duprat se jeta au cou du vieillard. Mainvielle les embrassa tous deux, et s'attendrit sans doute un instant, parce que tout ce qui intéressoit Duprat lui devenoit plus personnel que ses propres intérêts. Jean-Baptiste se prit à pleurer de leur émotion, comme un pauvre homme du peuple qui s'associe sans la comprendre à l'impression qu'il a produite, par la seule puissance de la naïveté et du sentiment; mais ce mouvement d'une âme généreuse qui l'avoit quelque temps distrait et soutenu fit place aux plus cruelles agitations, quand il vint à se rappeler, ainsi qu'au sortir d'un rêve, que Duprat alloit mourir :

— O mon Dieu, reprit-il, pourrez-vous permettre cela! faudra-t-il qu'il meure ainsi, Jean, mon petit enfant, mon pauvre Jean, que j'ai tant réchauffé, tant dorloté sur ma poitrine, en lui disant : Vois-tu, Jeannot, comme le Rhône est large et beau, comme les murailles des remparts sont festonnées; et veux-tu venir au pied des murailles des remparts pour les toucher de la main? Ah! je ne savois pas alors que je vous escorterois un jour jusqu'au pied..... Malheur,

malheur! que la Providence nous soit en aide!

Le guichetier enveloppa Jean-Baptiste d'un bras vigoureux pour l'empêcher de tomber, et le traîna jusqu'à la porte qu'il lui ouvrit et qu'il referma sur lui.

— Monsieur Baptiste, dit le marquis de Sillery en se levant, et en saluant respectueusement le vieux domestique à son passage, vous êtes notre ami à tous, et je m'honorerois long-temps, si j'avois long-temps à m'en honorer, de m'être trouvé dans une si belle et si noble conversation.

— Monsieur Burke, monsieur Dupan, vous avez beau dire, s'écria Carra, en montrant les larmes dont les joues de Duprat étoient baignées... ce ne sont pas là des hommes de sang (XIII)!

L'effet de cette scène fut vif et général, mais rapide, car la solennité de l'idée commune à tous prévaloit sur toutes les distractions. Ce sujet ramenoit d'ailleurs chacun des condamnés à ses propres affections et à ses regrets de famille. On imagine aisément qu'ils s'étoient placés de manière à pouvoir s'y livrer avec leurs plus proches voisins sans avoir rien à leur apprendre. Ainsi les mêmes sentiments et les mêmes noms occupoient Ducos et Fonfrede; Vergniaud et Gensonné se parloient des mêmes amis et des mêmes souvenirs, quand les méditations de Vergniaud vouloient bien le rendre aux sévères douceurs de ce dernier entretien. Les bretons Duchâtel et Le Hardy confondoient pour la première fois des opinions libres et découvertes que leur condamnation venoit d'affranchir de toute réserve. Il en étoit ainsi de la plupart des autres. Brissot, triste, mais résigné, gardoit le silence, ou ne l'interrompoit que pour laisser échapper, de temps à autre, le nom de son fils avec un soupir. Sillery étoit plus étranger à ces effusions touchantes, parce que né dans une autre société, il avoit vu disparoître dans son naufrage presque tout ce qu'il aimoit, et le sentiment de la solitude où ses émotions politiques l'avoient jeté réveilloit depuis quelque temps dans son âme le besoin de puiser à une source nouvelle de consolation. Il conversoit secrètement avec Fauchet, et la physionomie évangélique du pécheur converti par l'infortune s'éclaircissoit en l'écoutant. Il y avoit dans ce prêtre guéri de ses erreurs, et sincèrement revenu à l'espérance et à la foi, quelque chose d'une confiance céleste, qui auroit rendu le courage aux plus incurables douleurs. La sérénité de son sourire et de ses traits annonçoit une joie si pure que le martyre pouvoit paroître doux à ce prix.

L'assemblée avoit donc alors un aspect sérieux, trop naturel en pareille circonstance, mais qui réprimoit péniblement l'expansion de Mainvielle, déjà distrait d'une impression momentanée; car rien n'étoit capable de fixer la mobilité de son imagination et de tiédir l'effervescence de son sang. Il rompit tout à coup le silence :

— En vérité, c'est donner trop de temps aux pensées pénibles dans une soirée de plaisir et de gloire, où tous les cœurs ne demandent qu'à s'épancher en commun dans les délices du banquet ! Elle marche, la nuit joyeuse, et nous n'avons encore ni bu ni chanté. Nous n'avons pas encore salué les noms chéris de nos camarades, de nos femmes, de nos maîtresses! A quiconque se souviendra de nous avoir aimés, joie et santé en ce monde.

Président, continua-t-il en se levant et en heurtant son verre contre celui de Vergniaud, vous me ferez raison de ce vieux Madère, et je vous suis caution que vous n'en goûterez jamais un meilleur!...

VERGNIAUD.

A vous, Mainvielle, et à tous; mais c'est ici la coupe de Théramène. Laissons le reste au beau Critias!

FONFREDE.

Le beau Critias, grand Dieu! à qui destines-tu ce rôle parmi les repoussants tribuns de la Montagne? à ce petit Saint-Just, si perpendiculaire, si roide, si empesé, qui, selon Camille, porte sa tête comme un Saint-Sacrement?

LACAZE.

A Robespierre, que ce fou de Mercier compare à un loup-cervier en toilette de bal?

ANTIBOUL.

A ce Danton dont la figure hideuse épouvante la liberté? (XIV)

GARDIEN.

A Couthon, peut-être!...

CARRA.

Couthon que la prévoyante nature a sagement privé de ses facultés locomotives pour restreindre ses moyens de nuisibilité?....

GENSONNÉ.

Marat ne réclamera pas, messieurs. Il a pris le même parti que Vespasien. Il est devenu dieu.

DUCOS.

Oublions ces malheureux pour ne nous occuper que de la patrie et de nos amis!

Et au même instant vingt noms honorés qui ne parviendront pas tous à la postérité avec la même illustration, mais qui étoient alors l'amour et l'espérance des gens de bien, s'échangeoient sur toutes les bouches. C'étoient Villar, Viennet, Mazuyer, Laurençot, Wandelaincour, Seguin, Noël, Harmant, Quirot,

Casenave, Boissy-d'Anglas, Lanjuinais, Daunou, Pontécoulant, Larivière. C'étoit Jean de Bry qui exerçoit sur le grand nombre les plus vives sympathies, jeune et ardent comme les ardents et les jeunes, puissant par la parole comme les orateurs, riche des acquisitions de l'esprit comme les savants, pénétré déjà de hautes idées morales et religieuses comme les sages. Les proscrits surtout occupoient toutes les pensées, comme s'il n'y avoit eu de souffrances et de périls que pour eux. — Où sont-ils? que font-ils? que deviendront-ils? — Ces questions se croisoient, se confondoient, se répétoient de tous les côtés, avec un intérêt d'émotion qui s'augmentoient des moindres incertitudes.

— Faut-il le demander? répondit Gensonné, de ce ton de sensibilité morose et de douce ironie qui étoit, ainsi que nous le disions tout-à-l'heure, le trait principal de son esprit. — Échappés depuis cinq mois aux fureurs de la Montagne, ils ont cherché longtemps à la suite de Guadet (XV), puisse la mort épargner un si vigoureux défenseur à la liberté! — ils ont trouvé sans doute quelque asile inviolable où ils attendent en paix le jour d'assister glorieusement au triomphe de la raison et des bonnes lois sur une faction en délire. L'enfer même leur en auroit servi, si le voyage d'Orphée pouvoit se renouveler dans le monde prosaïque des jacobins, car la lyre d'Orphée, Girey-Dupré nous l'a dit en vers, a passé entre ses mains. — Là, dans une profonde sécurité sur leur sort, et peut-être sur le nôtre, il est aisé de deviner comment ils remplissent leur temps. Je crois, en vérité, que je les vois. — Salles, relit et repolit cette éternelle tragédie qui doit incessamment détrôner Voltaire. Barbaroux, achève de rimer un conte badin, dont les dames n'avoueront pas la lecture, ou bien, l'Hercule de la révolution, vaincu par un nouvel amour, file aux pieds d'une autre Omphale qui le cache dans son boudoir. Valady, frissonne au seul nom de l'échafaud qu'il ambitionnoit comme le terme le plus glorieux d'une honorable vie, et se plaint, dans sa timidité ingénue, de ne pouvoir finir ses jours au fond de quelque modeste solitude, pareille à celle du vieillard de Virgile. N'entendez-vous pas Louvet, modulant sur tous les tons de sa prose cadencée, un peu froide à mon avis quand elle n'est pas libertine, de tendres invocations à la massive Iris qu'il a baptisée du nom sarmate de Lodoïska? Buzot, plus enorgueilli qu'il ne le pense lui-même de la royauté imaginaire que lui ont conférée nos ennemis, déclame d'une voix imposante, ou gourmande les esprits irrésolus avec une rigueur impériale. Pétion, fier de ses beaux cheveux blanchis avant l'âge, prêche avec la gravité du patriarche ou la solennité du pontife. Cussy, tempête contre sa goutte, et s'en console en buvant plus sec qu'il ne convient à son régime (**XV**)........

— Je bois à tous, et à chacun d'eux en particulier, dit Mainvielle en multipliant les rougebords.

— Je bois à leur avenir et à celui de la France, dit Ducos.

— Je bois à la République une, indivisible et impérissable, dit Boileau.

VERGNIAUD.

Être de raison ! puérile chimère, bonne à bercer tout au plus désormais l'imagination d'un enthousiaste à la robe juvénile ! Rappelez-vous ces mots de Barbaroux : « Si j'avois à re-
» commencer ma vie, je la consacrerois tout
» entière aux nobles études qui élèvent la pen-
» sée de l'homme de bien au-dessus de la terre,
» et je ne m'aviserois jamais de vouloir con-
» duire à la liberté un peuple sans mœurs.
» Cette foule furieuse n'est pas plus digne d'un
» gouvernement philosophique que les lazza-
» roni de Naples et les anthropophages du
» Nouveau-Monde (XVI). » — Barbaroux di-
soit vrai. Il falloit fonder sur une terre cachée aux scélérats la république idéale de Roland. Les vrais sages rêvent des législations avec Platon et des utopies avec Thomas Morus. Ils n'essaient pas de les réaliser.

GENSONNÉ.

Vergniaud est décidément le Jacob Dupont de la République (XVII); il ne croit plus à la liberté.

VERGNIAUD.

Je ne crois plus à cette déesse qui vient au milieu des hommes les mains pleines de bienfaits, mais à cette furie qui les enivre et qui les dévore. L'appelez-vous la liberté? Quand les nations reconnurent d'un commun accord la divinité du soleil, il n'étoit pas couvert du voile sanglant des orages.

FONFREDE.

O Vergniaud! notre égalité sociale, qui est écrite dans la nature, ne seroit aussi qu'un vain mot!

VERGNIAUD.

Procuste avoit un lit de fer à la mesure duquel il assujétissoit tous les voyageurs, en disloquant les plus petits, en mutilant les plus grands. Ce tyran croyoit comprendre fort bien l'égalité.

BRISSOT.

Elle peut s'établir graduellement chez un peuple nouveau, ou renouvelé, comme en font les révolutions et les transmigrations;

chez un peuple où tout le monde est également intéressé à l'établissement et au progrès de l'institution qui est la sauvegarde de tous, parce que le mouvement des choses humaines l'a ramené des erreurs de la civilisation à l'innocence des tribus primitives; — chez un peuple de frères.

VERGNIAUD.

Quelle fraternité, grand Dieu, que celle d'Abel et de Caïn !

CARRA.

Je crois, moi, comme il est de l'intime essence des choses qui vivent, et même de l'essence des choses qu'abusivement on croit mortes, de parvenir de modification en modification, ou si vous voulez de forme en forme, à leur apogée possible de développement; je crois, dis-je, que les sociétés actuelles tendent naturellement de toutes leurs forces motrices, et aussi en raison de quelque puissance incidente que je n'ai pas encore suffisamment examinée, à l'établissement définitif de la République.

BRISSOT.

Moi, j'ai vu de près les malheurs des peuples, les vices des législations, et l'incurable démence des rois. Je crois, en mon âme et conscience, que la révolution triomphera.

VERGNIAUD.

La révolution est comme Saturne. Elle dévorera tous ses enfants (XVIII).

BRISSOT.

Je lui adresserai en mourant un adieu de regret et d'espérance!

VERGNIAUD.

Et moi aussi, je lui adresserai un adieu, l'adieu du gladiateur vaincu : Tyran aveugle et féroce; les mourants te saluent! — Mais de la révolution sublime que ma pensée s'étoit faite, j'en emporterai le deuil dans mon cœur, comme Mirabeau celui de la monarchie (XIX).

BRISSOT.

Ta misantropie est justifiée par des crimes

qui ne me font pas moins horreur qu'à toi, mais elle t'entraîne trop loin. Ton expérience tardive s'est formée dans des jours de désolation et de douleur. Vergniaud mourant n'a vu que le berceau d'Hercule.

VERGNIAUD.

Hercule au berceau étouffoit des serpents. Il n'en vomissoit pas.

BRISSOT.

Je te parle avec cette connoissance plus calme et plus approfondie des hommes et des événements que l'âge, la méditation et les voyages m'ont donnée. J'ai visité des nations innocentes dans leurs mœurs, simples dans leurs besoins, modérées dans leurs ambitions, et par conséquent heureuses de tout le bonheur que peuvent procurer la modération, la simplicité, l'innocence. J'ai compris alors que l'habitude des bonnes institutions fait les bonnes sociétés, et que cette habitude se contracte vite, car celles-là comme celle que nous nous proposions de fonder, sortoient à peine d'une révolution qui avoit éclaté et s'étoit accomplie en peu d'années sous nos yeux. Moïse lui-même disparut dans une tempête, et la législation de Moïse a traversé les siècles.

FAUCHET.

Cette tempête venoit du ciel, et les vôtres viennent des abîmes.

VERGNIAUD.

Bien, Fauchet! ne justifions pas nos erreurs par des comparaisons forcées. La décrépitude n'enfante plus. On ne fait pas de jeunes institutions avec de vieux peuples.

BRISSOT.

C'est un vieux peuple que les colonies américaines. Leur civilisation est née de la nôtre.

VERGNIAUD.

Et assez péniblement pour que tous les âges s'en souviennent. Elle a coûté la vie à sa mère.

CARRA.

J'opine que s'il est une claire, palpable et irrésistible réponse, une évidente et irréfragable solution au paradoxe sceptique de Vergniaud, c'est celle qui résulte ostensiblement de la révolution d'Amérique, révolution phénoménale, j'en conviens, mais expérimentale et complète.

VERGNIAUD.

Je vous proteste, savant Carra, que vingt adjectifs à votre choix, placés, selon votre usage, au-devant de cette démonstration, ne me démontreroient rien de plus. Mes opinions sont arrêtées sur tout ce qui appartient à l'intelligence bornée de l'homme. Nous saurons le reste demain.

CARRA.

Il est pourtant positif, incontestable, universellement reconnu.....

VERGNIAUD.

Que les nations ont leurs mœurs, les temps leurs besoins, les législations leurs *antécédents* nécessaires — passez-moi cette mauvaise expression —, et que toute organisation politique se compose de ces éléments. Brissot, qu'une instruction si vaste et si variée a initié aux secrets les plus relevés des polices humaines, n'a cessé de nous présenter pour exemple cette constitution atlantique, bonne peut-être aux peuples qui se la sont faite, mais qui n'est pas plus applicable à notre monde usé que les cultures de l'Amérique à nos froides régions et à notre sol appauvri. Nous auriez-vous donné un jour, ô mon cher Brissot, les végétaux des tropiques, avec les ravissantes harmonies de leur terre natale, la chaleur vivifiante de leur ciel, l'énergie de leurs saveurs et de leurs parfums ? La question se renferme dans ce mystère. — Qu'est-ce, d'ailleurs, qu'un peuple colon ? Une famille adulte, une société de jumeaux majeurs et émancipés, qui ont reçu d'une éducation uniforme des facultés presque toutes pareilles entr'elles ; un état de convention qui n'a de but que sa durée, de gloire que son indépendance, de liens que ses intérêts. Jeté simultanément dans un monde d'exil, ce peuple y arrive en voyageur, et s'y impose facilement un contrat qui n'est que l'expression des garanties matérielles de sa conservation, que la condition de cette existence relative dont le type n'est gravé nulle part dans la destination de l'homme ; pacte viager qui lie à peine quelques générations, qui n'emprunte rien au passé, qui ne doit rien à l'avenir, parce qu'il n'y a ni passé ni avenir pour une nation d'un jour à laquelle le présent lui-même n'appartient que par hasard, car c'est au hasard qu'elle doit jusqu'à l'air qu'elle respire, et jusqu'à la lumière qui l'éclaire. Il n'y a point de loi fondamentale, il n'y a point de religion politique pour une civilisation expatriée, car il n'y en a point sans patrie : il n'y a point de patrie dans le lieu où nos mères n'ont pas rêvé le berceau de leurs enfants, où nos enfants ne peuvent pas semer des fleurs sur le tombeau d'un aïeul. Le Scythe qui répondit à l'étranger : « Dirai-» je aux ossements de nos pères de se lever et » de marcher avec nous? » définit très-bien la patrie. La patrie de l'homme naturel n'est pas si large qu'on l'imagine. S'il a tracé un sillon, s'il a bâti une étable, s'il a planté un arbre et logé une femme, s'il a nourri un enfant entre la chaumière où il a été allaité, et le cimetière où il a suivi le convoi de son père, voilà la patrie. — La constitution passagère d'une caravane organisée en peuple est un beau modèle à proposer aux Arabes nomades et aux aventuriers bohémiens. Il faut d'autres bases aux législateurs du vieux monde. — Quand la statue de Pygmalion fut animée d'un souffle de Vénus, les hommes tombèrent à ses pieds et reconnurent qu'elle étoit belle; mais Rousseau même ne lui a prêté que le sentiment confus d'une personnalité stérile. Aucun sein ne l'avoit portée, aucun regard ami n'avoit épié l'essai de ses premiers pas; aucune oreille n'avoit été réjouie du bruit si vague et si doux de ses premiers bégaiements; jamais ses doigts n'avoient joué dans des cheveux blancs; jamais son cœur inquiet et curieux n'avoit palpité sur un cœur. Fantaisie ingénieuse de l'art, un moment vivifiée par le feu de la nature, mais innocente par ignorance et non par pudeur, dépourvue de l'instinct de l'amour par lequel on est aimé, incapable de connoître le bloc même dont elle est sortie; toute vivante elle touche de toutes parts au néant, et la mythologie l'a si bien senti qu'elle n'a pas daigné la rendre mère. Vos républiques américaines ressemblent beaucoup à cette statue. — Bernardin de Saint-Pierre parle dans son Voyage à l'île Bourbon d'une plante qu'il a remarquée au Cap de Bonne-Espérance, et qui développe sur la verdure une fleur éclatante mais fragile que nulle tige ne paroît lier à la terre, et que le moindre souffle flétrit. Vos républiques américaines ressemblent beaucoup à cette fleur. — Quand Moïse, dont vous parliez tout-à-l'heure, conduisit son peuple à la terre de Chanaan, il ne se contenta pas de lui dire : Je vous mène dans une contrée favorisée du Seigneur, où coulent des ruisseaux de lait et de miel ; il lui dit : Je vous promets une terre qui a été promise à vos ancêtres, et que Dieu a marquée pour le patrimoine d'Israël.

Je comprendrois, quoique avec peine, qu'on refît une civilisation dans notre Gaule celtique avec les souvenirs des druides. On n'en fondera point sur des idées purement morales. Telle est la destinée de l'homme. La divinité qui préside aux créations sociales, ce n'est ni la doctrine du philosophe, ni l'expérience du légiste; c'est la nymphe du poète et la fée du romancier. La sagesse de Numa n'auroit pu se passer d'Égérie. — Venus à la fin d'une société, nous nous sommes follement épris de nos œuvres, en voyant s'entasser derrière nous des ruines sur des ruines, mais nous n'avons rien construit, et Fauchet vous en dira la raison, selon les termes de sa foi, qui est une des mille expressions de l'éternelle vérité, si elle n'est pas la meilleure : c'est que le grand inconnu qui a tout fait de rien n'étoit pas avec nous, et que le miracle d'une création soumise aux lois de la parole ne se renouvellera plus. — Mon cœur étoit las comme le vôtre des longues erreurs de tant de générations abruties, et des longs malheurs de tant de générations esclaves. Comme le vôtre, il a ambitionné dans son aveuglement des améliorations impossibles qui ont déjà coûté trop de larmes et trop de sang au genre humain. Les amants de Pénélope n'ont pas été trompés plus amèrement que ceux de la liberté. L'intelligence des nations a des nuits profondes qui détruisent l'ouvrage de ses jours. Tant qu'un siècle léguera au siècle qui le suit une page de l'histoire, une tradition, un monument, il ne sera pas permis de rien édifier. Pour la société, comme pour l'homme qui a vu beaucoup d'années, il n'y a de nouveau que la mort. Les Péliades, qui égorgèrent leur vieux père pour le rajeunir, étoient d'habiles républicaines. Elles savoient le secret des révolutions. A la naissance d'un peuple, le sacrifice d'un homme est quelque chose, mais quand ce peuple a vieilli, le gouffre de Curtius ne se referme que sur le peuple tout entier (XX).

BRISSOT.

Quel jour as-tu attendu pour nous dévoiler cette pensée effrayante?

VERGNIAUD.

Sais-tu à quel jour Brutus étoit arrivé, quand il s'aperçut que la vertu n'étoit qu'un nom?

GENSONNÉ.

Est-ce à cela que se bornent les révélations de ton esprit familier? Gracchus égorgé dans le bois sacré jeta de la poussière vers le ciel, et de cette poussière naquit Marius qui écrasa l'orgueil des patriciens. Vergniaud, nous avons un lendemain!...

— Je le sais bien, dit Mainvielle, un lendemain qui n'en aura plus.

VERGNIAUD.

Des républiques qui bâtissent la monarchie; des monarchies qui bâtissent la république; et le chaos après.

BRISSOT.

La monarchie angloise n'est pas le chaos; elle préside encore à la civilisation des deux mondes.

VERGNIAUD.

La monarchie angloise est d'hier; quand elle est née d'ailleurs, les éclairs du mont Sinaï n'étoient pas éteints. Ouvre les pages de cette histoire; tu y retrouveras partout les traditions de l'écriture plus vivantes qu'aux premiers temps de l'Église. L'esprit de leur révolution, c'étoit l'esprit du Dieu de la Bible. Le sceptre de l'opinion, c'étoit la verge d'or du prophète. La constitution tomboit page à page des textes sacrés, et les prêtres marchoient au-devant de la nation avec le glaive du Christ et le livre de la loi. Rends un pareil véhicule à ta république, ou jette un linceul sur son cadavre; il ne s'animera point.

SILLERY.

Observez aussi, monsieur Brissot, que ce peuple éclairé de si hauts enseignements bravoit, par sa position géographique, la menace des armes et l'invasion des doctrines; il est entouré de l'Océan comme d'une ceinture. Oserions-nous opposer à un pareil état de société celui d'une nation grande et généreuse, sans doute, mais d'une nation à coutumes disparates, à limites équivoques, à mœurs indécises et mobiles?

CARRA.

D'une nation hibride, hétérogène, sans autochtonéité, sans amalgamation, sans sympathisme?

FAUCHET.

D'une nation sans Dieu? L'histoire de

toutes ces agrégations d'hommes qu'on appelle des sociétés est écrite en caractères ineffaçables dans la Genèse. L'homme séduit cueille avec ivresse le fruit de l'arbre de la science, et il apprend pour toute science qu'il doit mourir de mort. Le fruit de l'arbre de la science, messieurs, je vous le dis, ce sont les révolutions.

DUCOS.

En vérité, mes amis, je ne sais si je me trompe, mais les paroles qui m'arrivent de ce côté ressemblent à celles qu'on entend dans les rêves. Il y a six mois que vous dissertiez comme des encyclopédistes, et voilà que vous prêchez comme des puritains! O Fauchet! ne calomnie pas du moins à ton heure dernière les aimables séductions de la femme dans le paradis terrestre, dont elles rachetoient si délicieusement le sublime ennui! J'ai entendu dire plus d'une fois qu'un cœur d'amant avoit palpité sous ton étole apostolique!

FAUCHET.

Ma vie n'est pas un exemple, Ducos, et

mon heure dernière sera une réparation, si Dieu en reçoit le sacrifice. Il y a plus d'un obstacle à vaincre et plus d'un regret à dévorer sur le chemin du salut.

VERGNIAUD.

Comme plus d'un outrage à subir sur celui du triomphe. Prends la main que t'offre Ducos; il n'a pas voulu te blesser.

MAINVIELLE.

Allons, Fauchet, un peu d'indulgence pour la gaieté. Votre maître de Galilée prenoit plaisir à la joie des enfants. Nous ne rirons pas plus jeunes, comme disoit ma pauvre mère, et il m'est avis que nous ne rirons pas plus vieux de beaucoup.

FAUCHET.

Que la paix du ciel descende sur toi, cher Ducos, avec les bénédictions que mon cœur te donne!

BRISSOT.

Cela est bien! Quelle pitié pouvons-nous attendre de la postérité, si nous en manquons pour nous-mêmes, nous, hélas! qui nous sommes égarés les uns par les autres dans la recherche du bonheur public?

LASOURCE.

Je me souviens que le sujet de ma dernière instruction au peuple fidèle de mon auditoire étoit le verset 22 du chapitre V de Saint Mathieu en son évangile : *Celui qui insultera son frère, ou qui lui adressera des paroles menaçantes, mérite d'être condamné dans le conseil.* Heureux qui a mieux profité que moi de cet enseignement! La fougue de mon caractère ne me livroit que trop vite aux égarements de la colère et des passions, quoique je fusse porté par mes inclinations naturelles autant que par mon ministère à des sentiments tolérants et doux. Je vous prie, Sillery, de vouloir bien oublier nos déplorables disputes (XXI).

SILLERY.

D'honneur, monsieur de Lasource, vous ne pouviez rien me proposer de plus agréable. Vous m'avez vu ce soir jeter ma béquille de podagre au milieu du parquet, en disant : « Je suis arrivé ici infirme et malade, mais votre jugement me rend toute l'énergie de ma jeunesse et de ma santé ; voici le plus beau jour de ma vie ! » Eh bien, monsieur de Lasource, croyez que je ne me débarrasse pas moins aisément des infirmités de mon âme, et que je mourrai votre sincère ami. Je ne garde pas même rancune à ces messieurs du tribunal.

LASOURCE.

Nous mourons le jour où le peuple a perdu la raison. Les infortunés mourront le jour où il l'aura recouvrée. Lequel vaut le mieux de leur sort ou du nôtre ? Puisse au moins le ciel ne pas se fermer à leur repentir !

MAINVIELLE.

Ce sont là, grâce à Dieu, des paroles de paix, et il devoit en être ainsi, puisque nous avons le bonheur de posséder parmi nous des représentants des deux églises.

CARRA.

Il est vrai —passez-moi cette saillie— que

nous voilà exactement placés, comme le symbolique animal de Buridan, entre deux boisseaux d'exhortations évangéliques.

GENSONNÉ.

Je déclare au nom du bureau que nous pouvions compter un mandataire de plus dans le prochain concile des communions chrétiennes. Fonfrede a été missionnaire, et j'ai entendu cette voix éloquente se préparer aux improvisations de la tribune par les improvisations de la chaire.

FONFREDE.

Vains efforts d'une pensée inquiète, qui cherche à se rattacher à tout ce qu'il y a de grand dans l'avenir de l'homme, et qui ne parvient de tentatives en tentatives qu'aux désolantes réalités de la proscription et du supplice!

BRISSOT.

A qui le dis-tu, Fonfrede? mon indépendance de caractère et de mœurs, ma paisible et laborieuse pauvreté, le sacrifice de ma vie offert depuis long-temps à toutes les passions qui demandent du sang, la popularité même que mes ouvrages m'avoient acquise dans tout le monde civilisé, et qui m'a rendu l'interprète de quatre millions d'Américains dans une question d'humanité, rien ne m'a défendu des excès de cette frénésie populaire; elle vient de me crier par la bouche de ses juges affidés qu'il falloit mourir!

LESTERPT—BEAUVAIS.

Tu as vécu comme Aristide, et tu mourras comme Sidney (XXII).

LASOURCE.

Je ne suis pas en arrière de services et de dévouement avec vous, Brissot! la République me devoit une statue pour avoir démasqué le traître Lafayette; Lafayette, l'idole devant laquelle j'avois si long-temps sacrifié! (XXIII).

DUCHATEL.

Soyez tranquille, monsieur. L'humanité, indulgente pour vos erreurs, vous accordera peut-être une statue plus durable que les monuments de la République. Elle n'oubliera jamais avec quel courage et avec quel talent vous avez défendu la cause des innocents en--fants des émigrés.

VERGNIAUD.

La conscience d'une vie utile et bienveillante est, en vérité, le plus doux des priviléges d'une bonne mort. Il ne nous est pas donné comme à Scipion de forcer un sénat injuste à nous suivre au Capitole, mais la postérité nous y attend. Plus je réfléchis, moins je vois ce qui manqueroit à la gloire de notre nom historique. Je déclare, quant à moi, que mon existence me paroît fort complète.

DUCOS.

Fort complète en effet, à la durée près. Oh! qu'un esprit cultivé en notre barreau de Bordeaux est fertile en joies flatteuses et en consolantes vanités! La postérité est une chose magnifique, Vergniaud, et le Capitole aussi, moyennant que tout cela vienne à point; mais cette imposante perspective ne m'empêche pas de trouver quelque chose à dire au compte interrompu de mes jours. La mesure n'y est pas.

VERGNIAUD.

Qu'importe la mesure des jours à qui meurt pour son pays? Le plus prochain est le meilleur quand il est le plus glorieux. Notre âge politique, c'est celui de nos titres à l'échafaud, et l'échafaud, Ducos, c'est le Capitole des temps mauvais. Ce bonheur était au-dessus de toutes mes ambitions!

DUCOS.

En ce cas, réjouis-toi, couronne-toi de fleurs, et baigne-toi dans les parfums. Les compagnons de Léonidas en firent autant avant de passer du champ de bataille à leur vie immortelle.

CARRA.

Avec une épitaphe de Simonide que j'ai deux ou trois raisons de croire apocryphe.

FONFREDE.

Le martyr qui va mourir aux autels de la liberté n'est jamais trop pur ni trop paré.

Sillery rajusta ses cheveux, et releva les longs parements de son gilet blanc.

— Cet incident de la vie qu'on appelle la mort, dit-il, mérite à peine d'être pris en considération, quand on a le bonheur d'y être convenablement disposé par la foi ou par la vertu. Nous avons sur le reste des hommes le précieux avantage de l'attendre à une heure fixe. Inévitable, il faut le subir. Prématuré pour la plupart d'entre vous, messieurs, il est consolant de penser que vous n'aviez aucun moyen honorable d'en retarder le moment.

DUCOS.

Il y en avoit un. Pendant que nous étions en veine de décrets, et que nous en faisions à la journée, je regrette de n'avoir pas proposé l'indivisibilité de la tête et des vertèbres.

BOILEAU.

Il y en avoit un autre. C'étoit de prêter la main à l'œuvre de la Montagne qui a peut-être sauvé la patrie.

MAINVIELLE.

Et qui n'a pas sauvé Boileau, l'ingrate! Hélas, c'est une méprise!

BOILEAU.

Vous rappelez-vous la menaçante prophétie de Danton? « Le bronze qui doit former la » statue de la liberté est en pleine fusion. Si » nous manquons le moment de le couler, il » nous dévorera tous! »

VERGNIAUD.

Il les dévorera! — Et notre gloire, à nous, sera d'avoir mieux aimé mourir leurs victimes que leurs complices!

— Malédiction, dit Viger, en appuyant sa main sur la place où il avoit l'habitude de chercher la poignée de son sabre, dans ses fougueuses argumentations à la Convention nationale; — Malédiction! qui nous reproche de n'avoir pas été leurs complices? Nous autres soldats, nous tournons la face à la mort, et nous ne transigeons pas avec le crime! la responsabilité d'un forfait politique est le *sauve-qui-peut* des lâches. Que Dieu pardonne à ceux qui l'acceptent, comme diroit M. l'abbé Fauchet! — Je m'étonne, messieurs, que vous n'ayez pas compris un meilleur moyen que les vôtres de réduire au silence une méchante cohue d'énergumènes qui pâlissoient à la vue du fer! Je vous reconnois pour des avocats très-diserts et des gens de beaucoup d'esprit, choses auxquelles je m'entends de profession, puisque j'étois membre de l'académie d'Angers; mais jamais discours, si beau qu'il fût, n'a fini une révolution. La seule puissance qui fût capable d'assurer au milieu de nos désordres la conservation des idées sociales, ce n'étoit pas celle de la rhétorique avec ses phrases cadencées et ses précautions oratoires! C'étoit, mordieu, celle de la force, d'une force virile et martiale qui procède par les démonstrations de l'épée! — Nous en avons des preuves mémorables dans les anciennes histoires. — A la pointe de l'épée, messieurs, rien qu'à la pointe de l'épée —Duperret que voilà peut le dire, et Valazé que voilà aussi vous le diroit, s'il le pouvoit — nous aurions mis à la raison en cinq minutes, pour ne pas exagérer, toute cette couarde et hargneuse louvetaille de la Montagne. Cela valoit mieux que de vous complaire, comme des légistes, en longues harangues du goût d'Isocrate et de Cicéron : — Ah! ah! ah! ah! une, deux! Robespierre est mort! — Une, deux! le beau Lacroix fera défaut à l'appel nominal du soir! — Une, deux! Collot d'Herbois crie merci, le misérable! mais il ne l'obtiendra pas....

Et tout en parlant ainsi, Viger, entraîné par la chaleur de l'action, n'en oublioit pas la pantomime nécessaire.

— Quel horrible carnage, s'écria Mainvielle! arrêtez-moi cet homme-là.

— Voilà, continua Viger, comment se fondent les bonnes constitutions, et non pas avec je ne sais quel fatras élégant de prétendues raisons d'hommes d'état qui n'ont jamais rien enseigné à ceux qui ne veulent pas apprendre! Excusez, Vergniaud! pardon, Gensonné! car je ne voudrois pas pour les oreilles de Chabot offenser le cœur d'un ami, non, pardieu, je ne le voudrois pas! mais je soutiens qu'il falloit me suivre, quand je vous montrois de la pointe de mon sabre le chemin de Versailles, et que cette canaille, plus peureuse encore qu'insolente, m'ouvrit par deux fois, s'il vous en souvient, un large passage sur la terrasse. — Ce n'est pas dans le cœur gangrené d'une ville impure, échue en patrimoine à toutes les tyrannies populaires, comme la voirie aux corbeaux, qu'on pouvoit rassembler les éléments d'une saine république. C'étoit partout ailleurs, car le principe social nous auroit suivis, et c'est à lui que les nations se rallient toujours. Qui sait maintenant d'où il rentrera dans Paris, s'il y rentre jamais?—de l'Orangerie de Saint-Cloud peut-être!

DUPERRET.

Sans m'emporter comme M. Viger, moi dont le caractère est naturellement fort doux, et qui me flatte d'avoir vécu avec vous tous, messieurs, dans les termes de la politesse, je ne peux me dispenser de rendre témoignage à ce qu'il y a de judicieux dans son opinion. Le jardin étoit là, fort commode à mon avis pour ce genre de discussion, et c'étoit plaisir, raison, économie à nos commettants, que de vider ainsi les questions en deux ou trois passes d'épée, au lieu de les traîner scandaleusement en débats honteux qui tournent toujours, vous pouvez l'avoir remarqué, au profit des fourbes et des pervers. Je ne suis pas discoureur, mais j'ai le coup d'œil prompt et la main assurée. Vous m'auriez vu serrer la lame de ce bellâtre d'Hérault Séchelles et de ce flandrin de Tallien! Quelle boutonnière je réservois à Dubois-Crancé, l'Apollon du gros David! Nous avions arrangé cela, Viger, Dufriche et moi...

DUCOS.

Dans votre sagesse.....

— Vous persiflez, je crois, M. Ducos, s'écria Duperret en le regardant de travers, et en froissant impatiemment sa serviette.

DUCOS.

Non, Duperret, non vraiment! je badine selon mon usage, et je vous prie de ne pas m'ajourner à quelqu'un de ces rendez-vous où deux braves se coupent impitoyablement la gorge. C'est un soin qui ne nous regarde plus. Nous ferions tort à la Montagne d'un de ses priviléges.

DUPERRET.

A la bonne-heure, car, aussi bien, j'ai juré de ne me fâcher de ma vie! Cependant, si on m'avoit cru, et si, comme dit M. Viger, d'autres que Dufriche et moi l'avoient suivi dans son héroïque sortie, vous n'auriez pas les mains liées demain par un malotru de bourreau, pour aller recevoir, en place publique, ce que notre vénérable ami, M. Lamourette (XXIV), appelle une chiquenaude sur le cou.

CARRA.

En vertu de la figure de mots qui est communément nommée euphémisme.

DUPERRET.

Par le saint Évangile! (XXV) on ne termine pas autrement les guerres de parti; mais je n'eus pas ébloui un moment ces gens-là de la lueur de mon sabre, que vous autres GIRONDINS, vous avez tous crié haro, comme des Normands!

VERGNIAUD.

Phocion étoit la hache des discours de Démosthène. Duperret, Dufriche et Viger étoient l'épée des trames de la Montagne.

DUPERRET.

Et si vous l'aviez voulu, cette épée auroit coupé le nœud gordien de la révolution.

FAUCHET.

Une autre épée la coupera.

GENSONNÉ.

Celle de Cromwell.....

DUCHATEL.

Celle de Monck....

VERGNIAUD.

Celle de Thrasybule, peut-être !

VIGER.

Qui sait ? la France est en guerre avec l'Europe, et la guerre seule produit des hommes capables de diriger les états !

DUPERRET.

Qui sauvent les peuples de leurs propres fureurs après les avoir défendus des attaques de l'étranger.

VERGNIAUD.

Comme Pélopidas !

DUCHATEL.

Comme Alfred !

FAUCHET.

Comme Macchabée, messieurs, comme Macchabée !

CARRA.

Ce qui est arrivé devant irrésistiblement arriver encore, ainsi que je l'ai prouvé—ainsi que j'ai du moins commencé à le prouver; ainsi que je le prouverois de la manière la plus évidente.....

Ici Carra laissa échapper un long soupir. Ensuite il continua :

— Tous les événements de l'avenir n'étant, dis-je, qu'une inévitable répétition du passé, il me paroît vrai en principe qu'une épée terminera infailliblement la révolution. Cela arrive de toute nécessité quand l'avenir des nations est en litige entre le droit et la force.

LE HARDY.

Et une révolution n'est autre chose que l'expression d'un intérêt nouveau qui lutte contre une possession ancienne, c'est-à-dire une tentative qui a pour objet de substituer le fait au droit et la tyrannie au pouvoir.

VERGNIAUD.

Si ce n'est pas là le but de toute révolution,

c'est à la vérité sa fin ordinaire; il vient alors un guerrier qui jette son glaive dans la balance comme Camille, et malheur aux vaincus.

DUPRAT.

Vous me rappelez ce que me disoit à ce sujet un jeune capitaine d'artillerie avec lequel je soupois il y a plus d'un an à Beaucaire (XXVI). Je répéterois au besoin ses propres paroles... « Ils marcheront dans les révolu-
» tions, et ils n'en recueilleront pas les fruits.
» Ils feront des constitutions et ils les viole-
» ront. Ils se rendront odieux au peuple et au
» genre humain par des excès qui avoient
» disparu de l'histoire depuis Sylla et les
» triumvirs. Un homme alors paroîtra, guidé
» par la fortune et par le dieu de la gloire. Il
» dira : Je vous ai laissé des lois, et vous les
» avez foulées aux pieds. Qu'avez-vous fait du
» sang de nos braves, inutilement versé pour
» la patrie? — Et il les chassera devant lui
» comme une paille légère! »

VERGNIAUD.

Il y a de l'avenir dans ce capitaine à la parole poétique! il sera Marcellus!

MAINVIELLE.

Je l'ai vu. C'étoit un Corse d'assez petite taille, à l'œil noir, luisant, profond, au maigre et long profil, au teint couleur de pierre, aux cheveux plats et tombants, qui parloit peu, et ne parloit que par phrases sentencieuses et pittoresques. Il s'appelle, je crois, Buonaparte.

ANTIBOUL.

Eh quoi! est-il de cette nation dont on a dit que les romains ne vouloient pas y prendre des esclaves (XXVII)?

FONFREDE.

Ballottés entre des aristocrates imbéciles qui ne rêvent que le passé, et des démagogues furieux qui n'ont d'autres instincts que ceux de la destruction, de la rapine et de l'assassinat, les François seroient peut-être un jour trop heureux d'en recevoir un maître!

VERGNIAUD.

Il y a des époques de dissolution où la tyrannie elle-même ne peut pas s'établir chez les peuples. La tempête des révolutions se construit quelquefois de son propre effort une digue imposante en roulant des rochers sur ses rivages, mais le reflux vient qui les emporte en passant. Tous les pouvoirs qui ne sont pas fondés sur des institutions anciennes et nécessaires, identifiées par un long usage avec le génie national, sont des colosses sans base. Montesquieu compare la féodalité du moyen âge à un arbre immense qui couvroit l'Europe de ses larges rameaux et de son épais ombrage, mais il faut un sol compacte et profond à l'arbre social pour y lier de vastes et puissantes racines qui ne trouveroient où se prendre sur le sol mouvant de cette Europe de sable et de boue que le temps nous a faite. Une révolution est le plus grand jour du peuple; mais comme le plus grand jour du soleil, elle ne promet plus que décadence. Elle éclate en brillantes vertus, par la même raison qui fait, au dire des philosophes, que la flamme a des habitants, mais on ne sème rien de vivace dans la cendre. Le despotisme sera désormais transitoire en France comme la liberté.

DUCHATEL.

A moins que la liberté ne s'y arrête un jour florissante, sous les auspices de ce pouvoir que vous venez de définir, et qui est fondé sur des institutions anciennes et nécessaires. Oh! laissez ici, mes amis, toute franchise à mon âme, si près de conquérir son affranchissement immortel! Vous avez cru détruire la monarchie; vous n'avez fait que la renouveler, en la réduisant par une réaction violente à la nécessité de subir, lors de son prochain rétablissement, les conséquences de son principe essentiel et les conditions de son origine. La monarchie ne fut en effet dans notre vieille civilisation que la garantie armée des libertés publiques. Elle tomboit de vétusté dans sa forme altérée par des siècles de corruption sociale. Elle se relèvera puissante et rajeunie sur des fondements désormais inébranlables. Oui, la monarchie se relèvera! les planches de l'échafaud n'ont pas bu la dernière goutte de ce noble sang des Bourbons qui est le sang même du pays, et qui n'a jamais coulé sans que la France en tressaillît d'épouvante et de douleur jusqu'aux entrailles de la terre!....

Ici un vague mumure d'étonnement, d'inquiétude et de colère, couvrit peu à peu, et puis interrompit tout-à-fait le discours de Duchâtel.

— Oui, la monarchie se relèvera, et les Bourbons reviendront, s'écria Le Hardy, avec la vigueur sonore et stentorée de ces poumons de fer qui l'avoient rendu si redoutable à la Montagne.

— Ils reviendront de la captivité de Babylone, reprit Fauchet, en fixant son regard extatique aux voûtes de la prison comme si elles s'étoient ouvertes pour lui montrer le ciel; — oui, la monarchie se relèvera triomphante, et les murailles du temple avec elle!...

— Vive la République, dit Ducos, et respect aux opinions! nous avons tous quelque raison pour les croire aujourd'hui fort dégagées entre nous d'ambition et d'intérêt. Il n'est pas clairement prouvé d'ailleurs, continua-t-il en riant, que Fauchet soit visité de l'esprit de prophétie, ou bien il l'est un peu hors de propos, comme cet homme dont parloit le vieux Cazotte (XXVIII), qui annonça pendant trois jours la ruine de Jérusalem, et qui ne fut averti de sa propre mort qu'au moment où il lui étoit devenu impossible de l'éviter.

Tous les GIRONDINS se réunirent à l'acclamation de Ducos, à l'exception de ces trois-là. Les cris de *République* et de *Liberté* retentirent long-temps dans ce triste séjour que Fouquier-Tinville avoit appelé, avec le cynisme sanguinaire, mais pittoresque, de ce temps de malheur, *l'antichambre de la guillotine.*

Duchâtel se leva enfin, quand tous les bruits furent passés, avec cet air calme et fier qui donnoit à son jeune âge quelque chose de la gravité d'une vieillesse solennelle, comme à l'enfance boudeuse de Caton :

— VIVE LE ROI, répondit-il, vivent le Roi

et la Liberté!... — Il ne seroit pas François, il ne mériteroit pas d'être homme celui qui baisseroit son front sans rougir devant un pouvoir fondé sur l'esclavage et l'avilissement de ses semblables. Malédiction, ô mon cher pays, sur celui de tes indignes enfants qui formeroit à son heure suprême des vœux contraires à ta gloire et à ton bonheur! Dieu m'est témoin, ou il me sera témoin bientôt, que mon patriotisme ingénu et fidèle ne s'est réconcilié avec la pensée d'une monarchie populaire, assise sur les droits imprescriptibles de l'humanité, que dans le désespoir d'une république impossible, ou dans la honte d'une république mensongère et hypocrite qui s'allaite pour grandir du sang des plus pures victimes. Il me sera témoin, frères chéris de vie et de mort qu'il m'a donnés, que cette pensée nouvelle pour moi est éclose dans ma conscience comme un doux rêve dans le sommeil, sans combinaison, sans calculs, quand j'ai commencé à me dévouer pour elle, comme sans peur quand je vais lui payer le tribut de ma belle vie de vingt-six ans, au prix de tant d'amour et de félicité qui m'étoient promis ! Que me demandez-vous ? mon cœur naturellement chagrin n'étoit plus disposé à se nourrir des vaines espérances d'amélioration dont nous nous étions flattés. Je ne croyois plus au bonheur des peuples, et cependant je le cherchois encore, et je le cherchois partout, avec l'ardeur qui nous feroit payer le retour d'une illusion agréable, de quelques instants d'erreur et de folie. Je vous suivis de mon attention, de mes vœux, quelquefois de mes sympathies. Je ne trouvai rien, rien que le trouble et le néant. Vous vous débattiez dans le vague et vous ne pouviez plus vous diriger. C'est alors que je reportai mes yeux au rivage d'où vous étiez partis, et que je délibérai d'y retourner. Je m'explique cependant. Ne m'accusez pas d'avoir méconnu ce que les usurpations de l'aristocratie avoient d'humiliant et de douloureux pour une âme fière, ce qui devoit l'irriter dans l'orgueil de la noblesse et des cours, la révolter dans leur dépravation ! Quoique né loin de ce théâtre, et pur de ces affronts auxquels je n'ai jamais exposé ma libre et sauvage adolescence, je n'ai point ignoré les jours d'oppression et de détresse dont la révolution fut l'inévitable résultat. L'histoire m'a montré à nu la conspiration permanente de la tyrannie contre la liberté, du fanatisme contre la raison, d'une routine servile et intéressée contre les progrès de la pensée humaine, contre les idées et les découvertes qui élèvent notre espèce à la hauteur de sa destinée, et qui aplanissent lentement par des conquêtes successives toutes les inégalités de notre vieux monde social. Eh! mes amis! le spectre caduc et abruti de l'ancien régime, vieillard obscène et fardé, tout chargé de turpitudes et d'extravagances, m'étoit odieux comme à vous, et j'avois juré de lui livrer une guerre aussi longue que ma vie! mais je suis venu, et j'ai vu tomber les pouvoirs légitimes dans la ruine du despotisme, la religion et la morale sous le nom de superstitions et de préjugés, les saintes vérités avec le mensonge, les bonnes et antiques lois avec les abus, les innocents avec les coupables! Je suis venu, hélas! et vous m'avez montré Marat! Vous savez si j'hésitai alors entre l'échafaud et lui!

Du moment où je me sentis consacré à la mort, je réfléchis avec plus de soin, parce que si j'étois sûr de ma bonne foi à l'égard de mes commettants, il me restoit un dernier compte à régler avec moi-même, avant le jugement de Dieu. Je reconnus sans peine la vérité de ce que Vergniaud nous disoit tout-à-l'heure, du haut d'une autorité qui vaut mieux que la mienne! Enfants étourdis et mutins, nous avions marché, heureux de traîner derrière nous les lambeaux de nos langes déchirés et de nos lisières rompues; nous nous étions précipités dans l'avenir, sans le prévoir, comme dans une route ouverte; coursiers aveugles et indomptés qui se croyoient attelés au char du monde civilisé, et qui ne traînoient d'abîme en abîme que la claie d'une société suicide. J'ignore ce que vous en pensez, messieurs, mais c'est là ce que nous avons fait!... Les anciennes constitutions de la monarchie que j'ai trop tard étudiées, contenoient mille fois plus d'éléments de liberté qu'il n'en sortiroit en mille ans de tous les antres de la Montagne! Et voilà pourquoi je crie : Vive le Roi!

Les mêmes voix ne manquèrent pas d'étouffer ce cri comme la première fois sous un cri presque unanime.

On remarqua seulement que Sillery, vaincu par ses souffrances physiques, s'étoit penché depuis quelque temps contre la muraille, et paroissoit sommeiller.

— Tais-toi, dit Duprat à Mainvielle dont la voix dominoit toutes les autres quand Le Hardy ne parloit point, Sillery dort.

BOILEAU.

Vive la République, une, indivisible et impérissable! Vive la Montagne!

CARRA.

Vive la République une et indivisible! Quant à la Montagne que j'ai fort expérimentalement connue, et pour laquelle vous proclamez itérativement une adhésion spontanée, retardataire, ainsi qu'on vous l'a fait observer tout à l'heure, je vous déclare, M. Boileau, qu'elle me rappelle de manière explicite la fantastique montagne de Kaf des fables orientales, qui sert immémorialement de refuge aux djins, aux goules, aux vampires, et à tous les mauvais esprits.

— Ouf! dit Mainvielle.

VERGNIAUD.

En vérité, c'est une grande insensée que l'imagination de l'homme! Vous venez, je crois, de passer en revue toutes les formes éventuelles de la société, et le vœu qui nous rallie presque tous n'exprime en réalité qu'une vague négation des différentes polices auxquelles la terre est soumise. Je vous ai avoué déjà que je ne voyois plus autre chose dans la République anonyme que nous avons décrétée avec tant d'enthousiasme : symbole éclatant de destruction, gage fallacieux de renouvellement, vaine abstraction d'existence! Il y aura un étrange sujet de méditation pour la postérité dans l'histoire d'une assemblée de législateurs qui ne furent d'accord qu'un jour, et qui ne le furent que sur un mot dont aucun n'auroit accepté le sens dans la signification que lui donnoit son voisin. Le mot seul fut une loi ; la chose restoit un mystère. La république, messieurs! un gouvernement fédéral pour Buzot, une utopie d'économistes pour Condorcet, un *mob* turbulent et convulsionnaire pour Thomas Payne (XXIX), une grande exploitation agricole, industrielle et philantropique pour Brissot, une immense Athènes renouvelée de Démosthène et de Plutarque pour Ducos; pour Saint-Just, un monde organisé comme la petite et grossière municipalité de Sparte, aux ilotes et aux rois près; une orgie perpétuelle et délirante pour le sybarite d'Arcis-sur-Aube (XXX); une ample et somptueuse curée pour Chabot, une dictature pour Robespierre, une boucherie pour Marat : voilà ce que c'est que la république! c'est ce dé à plusieurs faces que les jongleurs font rouler sur un pivot rapide aux yeux de la multitude, et qui en reçoit autant de noms en tournant qu'il lui offre de côtés.

—Accordez-moi, continua Vergniaud avec une riante sérénité, que la destinée ne fut pas sévère pour nous quand elle nous permit de soustraire de bonne heure notre vie historique à la responsabilité d'un tel avenir. L'abri salutaire de la mort est à peine assez profond et assez inviolable pour s'y réfugier avec assurance contre les attentats qui vont épouvanter le monde! Et c'est quand la tyrannie, plus bienveillante qu'elle ne pense, anticipe en votre faveur sur le bienfait de la nature, c'est le jour où vous commencez à être placés hors de la portée de ses atteintes, que vous épuisez votre esprit en vaines prévisions sur les différentes manières de finir entre lesquelles peut se débattre, pendant quelques années encore, une société agonisante? Qu'importe à celui qui dort du doux sommeil de la tombe, que les générations qui lui succèdent plient un front consterné sous la hache de Robespierre ou sous le sabre de Tamerlan? qu'elles adorent en rougissant le rosaire imposteur de Louis XI, ou les hideuses amulettes de Marat? qu'elles se traînent, serviles et mendiantes, sur les parvis d'un palais, ou, ivres de vin et de sang, dans la fange des égouts? n'avons-nous pas un asile paisible et glorieux, contre toutes les oppressions, au sein de l'éternelle liberté? C'est dans cette contemplation que l'âme sent qu'elle a des ailes!

BRISSOT.

Joie immense en effet, joie qui feroit éclater le cœur du proscrit, s'il mouroit assuré du sort de ses enfants!

VERGNIAUD.

Et quelle est, suivant toi, Brissot, l'heure de toute une existence séculaire où un homme né pour aimer peut mourir, sans jeter un regard de douleur sur ce qu'il aimoit? C'est le lot de la pourpre comme celui de l'échafaud. Si la mort ne traînoit pas cette cruelle compensation avec elle, connois-tu quelqu'un qui ne voulût de la mort avant le temps où Dieu l'envoie?

FONFREDE.

Ne plaignons pas nos enfants de notre mort!

Elle sera un jour la plus belle portion de leur héritage.

BRISSOT.

Ou bien, suivant les vicissitudes que Vergniaud prévoit dans l'avenir incertain de la patrie, elle sera contre eux un jour un nouveau titre de proscription!...

FONFREDE.

Qu'il en soit ainsi, quand les malheurs de la patrie imposeront cette destinée à leur courage! Que mon Henri garde mémoire de son noble baptême de sang, et qu'il se dévoue plutôt à mourir comme nous qu'à transiger avec la faction féroce qui vient d'assassiner la liberté.... la liberté qu'elle assassineroit deux fois!

VERGNIAUD.

Ta pensée planera sur lui d'une région inaccessible aux honteuses terreurs de l'homme mortel, et ton génie enflammera le sien d'inspirations dignes de toi! La sollicitude qui nous occupe aujourd'hui pour les êtres qui nous sont chers est le dernier lien qui nous attache à notre foible humanité; mais elle se changera en pures délices quand nous pourrons les suivre d'une attention tranquille dans leur captivité passagère de la vie, nous voir renaître en eux, nous complaire dans leurs vertus, nous consoler dans leurs épreuves, en goûtant d'avance l'espoir infaillible de ne les plus quitter. Cette idée est tout pour qui sait en jouir!...

DUCOS.

Et n'est rien pour qui la méconnoît. Vergniaud aborde ici une grande question, mais il ne l'a pas tranchée.

MAINVIELLE.

Tu es bien pressé, Ducos! La guillotine la tranchera tout-à-l'heure!

VERGNIAUD.

J'ai dû remplir jusqu'à la fin les devoirs de

mon ministère avant de m'en départir pour jamais. L'imortalité de l'âme est décidément la seule question qui reste à l'ordre du jour.

Carra tressailloit d'impatience. Tout son système de palingénésie matérielle et de résurrections multiples par le concours et la combinaison des atomes homogènes se représentoit à son esprit, sous une abondance incroyable de formes, également difficiles à rendre palpables devant un auditoire qui n'avoit pas la clef de sa terminologie scientifique. Il se rongeoit les poings de déplaisir de ne pouvoir compter sur assez de patience et de docilité dans ses écouteurs les plus complaisants et les plus assidus, pour prendre le temps de développer ses nomenclatures, d'établir ses axiômes et de tirer ses inductions; et il se promettoit, non sans quelque regret amer du passé, de mieux employer sa vie, la première fois que le hasard le replaceroit identiquement dans son individualité de philosophe.

LE HARDY.

La solution de ce doute n'est pas une œuvre

de parole : c'est une profonde impression de sentiment. Elle est tracée dans le cœur de tout honnête homme dont les vertus ont été mal rétribuées sur la terre. Il n'y a rien d'imparfait dans la création de Dieu, et si la probité persécutée, si l'innocence malheureuse n'avoient point d'appel devant lui, la moralité de cette création sublime ne seroit qu'une chimère.

FONFREDE.

Cette solution est tracée par la nature dans l'instinct intelligent du seul être organisé qui conçoive le besoin de revivre. Ce que la nature m'a fait desirer parce qu'elle me l'a fait pressentir, elle me le doit.

BRISSOT.

Elle est tracée par le raisonnement pour le philosophe dans les écrits de Platon, et la raison humaine ne s'élèvera jamais plus haut. Ce que Platon m'a promis, au nom du grand architecte des mondes, je vais le chercher.

FAUCHET.

Elle est tracée par la foi, plus savante que Platon, pour le chrétien plus riche en avenir que le philosophe. Ce que la foi m'a donné, au nom du Seigneur, je vais en prendre possession dans le ciel.

GENSONNÉ.

Dans le fait, cette question, qui est d'importance pour nous, ne me paroît pas de nature à être embrassée sous tous ses aspects d'une manière si soudaine. Il me semble que nous nous sommes rarement bien trouvés d'emporter une délibération en matière sérieuse au bond de l'improvisation. Je vous propose de renvoyer celle-ci à la séance du soir.

DUCOS.

Sur le rapport de Valazé, qui a pris les devants dans l'intérêt de l'instruction avec son zèle accoutumé (**XXXI**).

DUPRAT.

Nous serons alors plus capables de juger en connoissance de cause;.... et maintenant, messieurs, nous ne pouvons pas nous le dissimuler, nous n'avons pas la tête à nous.

MAINVIELLE.

Au lieu que tantôt, ce sera merveille! Nous voterons pour la première fois A TÊTE REPOSÉE.

Ces persiflages héroïques, saillies dignes de Socrate, où se complaisoient les gens de cœur qui savent mourir, circulèrent au milieu des éclats de rire avec le punch qui remplissoit tous les verres (XXXII).

A compter de ce moment, la conversation devint plus générale, plus bruyante, plus expansive; les sentiments s'échangèrent avec plus de rapidité, les caractères se dessinèrent avec plus d'énergie. Quelques hautes réflexions, quelques souvenirs graves ou touchants, quelques regrets échappés à l'âme se firent encore entendre de loin en loin; mais le tumulte des émotions ne tardoit pas à les entraîner, à les confondre dans une rumeur presque unanime qui n'exprimoit que la joie portée jusqu'au délire. Vergniaud retombé dans ses préoccupations ordinaires ne rioit que par intervalles, et quand un trait plaisant et inattendu le rappeloit aux convenances d'un festin libre et amical qui s'égaie en finissant. Fauchet, Duchâtel, Lehardy, Brissot, plus étrangers encore à ces effusions du plaisir et de la folie, ne les troubloient pas du moins par une attitude austère et mélancolique. Leurs visages étoient empreints d'une telle sérénité qu'il n'y avoit pas un de leurs traits qui ne semblât sourire. — La plupart des autres, tout entiers au bonheur d'être encore une fois ensemble, s'y livroient avec cette verve d'enthousiasme, cette passion de jouir, et cet abandon de l'insouciance qui distinguent l'esprit françois entre tous les caractères nationaux. L'approche d'une mort certaine étoit oubliée, ou plutôt elle stimuloit par un attrait de plus, par la secrète satisfaction de la vanité qui aime à s'exercer chez nous contre les malheurs inévitables, les démonstrations de la gaieté commune. L'émulation du dévouement n'étoit qu'une chose vulgaire, et qui ne valoit pas la peine d'être remarquée entre des âmes si puissantes ; mais l'émulation d'une stoïque indifférence et d'une intrépidité sérieuse n'étoit pas sans charme pour des esprits si élevés. Les chances de la gloire politique devoient être fort inégales pour les GIRONDINS aux yeux de la postérité ; et s'il y avoit quelque moyen de compensation pour les foibles et les obscurs, on pouvoit le trouver dans la manière de prendre la mort, qui est, en dernière analyse, l'épreuve décisive des véritables supériorités.

Depuis un an, les événements préparoient de jour en jour les GIRONDINS au dénouement de la grande tragédie où ils avoient accepté le rôle généreux de martyrs, et leurs ambitions jusqu'alors solidaires d'une même cause n'avoient jamais été plus franchement rivales. Il est présumable que, pour quelques-uns, l'émulation dont je viens de parler ne s'éveilla qu'à l'échafaud, qui étoit le dernier théâtre où elle eût l'occasion de ressaisir ses avantages.

Ducos et Boyer-Fonfrede, dont l'absolution avoit été promise à Camille-Desmoulins, le tardif Las-Casas de la Révolution (XXXIII), tombèrent plus inopinément que leurs amis sous la juridiction intime et sympathique de Fouquier-Tinville et du bourreau. La proscription fut suspendue quelque temps sur eux comme l'épée de Damoclès, et ils faisoient à peine l'apprentissage de la prison, pour le crime alors inexpiable d'avoir défendu leurs collègues et leurs frères opprimés, quand la Montagne les jeta aux furies de la guillotine. L'idée de cette mort inopinée, qu'ils n'avoient pas même encourue, au témoignage de leurs plus cruels ennemis, venoit d'apparoître pour la première fois à leur esprit dans le texte d'une de ces tables sanglantes d'assassinat qu'on osoit appeler des jugements (XXXIV). Aussi, je ne sais quel orgueil de courage et d'abnégation leur fit craindre de rester en arrière sur la résignation pleine de grâce et de gaieté de leurs compagnons d'infortune et de gloire; et, comme il arrive d'ordinaire, ils enchérirent sur leurs transports en cherchant à les égaler. — Le plus sage des Grecs, au jugement des oracles, mourant parmi ses disciples pour la défense des libertés sacrées de la pensée, et s'amusant à aiguiser encore d'ingénieuses ironies, ne trouva que des pleurs pour réponse; mais ses élèves ne mouroient pas avec lui, et si cette faveur leur avoit été accordée, ils seroient morts sans doute en riant comme les Athéniens de la Gironde.

A voir l'ivresse orageuse de cette fête sans exemple, on auroit cru qu'il s'agissoit de solenniser une victoire, et c'étoit quelque chose de pareil en effet, car l'opprobre que la tyrannie triomphante achevoit d'imprimer à sa cause par ce monstrueux attentat contre la représentation nationale devoit retomber tôt ou tard sur les factieux, et laisser aux générations futures un profond sentiment d'horreur, capable d'empêcher à jamais le retour de leur exécrable puissance. Personne n'en jugeoit autrement. — Mais la réflexion n'entroit pour rien dans l'élan désordonné qui entraînoit alors tous les esprits. C'étoit jour de féerie et de délassement.

—Messieurs, s'écria tout à coup Mainvielle,

si vous voulez bien faire droit à ma motion, cette nouvelle jatte de punch — il nous en revient encore —, sera épuisée en l'honneur des belles qui nous ont accordé un peu de compassion dans les mauvais jours que nous venons de subir. C'est le moins que nous leur devions, mais c'est tout ce que nous pouvons faire pour elles en ce moment de délivrance. J'espère que la discrète gravité de M. Duchâtel ne refusera pas de rendre cet hommage à une adorable recluse qui touche de près son cœur, ou mes observations m'ont trompé tantôt. Je cherchois son regard par suite d'une méchante habitude que les dames m'ont donnée, et je ne peux guère m'être mépris sur sa direction, car M. Duchâtel marche toujours tout seul. Honneur à son bonheur, et compliment sans rancune ! je porte donc cette santé à la divine Cécile de.... à la céleste Cécile du.....
— qui diable me dira son nom !...

— Arrêtez, interrompit violemment Duchâtel, que ces derniers mots avoient tiré de sa rêverie... — Le nom d'une femme est

un mystère sacré qu'il n'est pas permis de compromettre dans la licence des festins, même quand on peut s'excuser comme vous par l'invraisemblance d'une supposition absurde et l'étourderie d'un cerveau échauffé!..
— Vous n'avez pas la tête mûre, Mainvielle!...

— Ah! sur ce point, reprit Mainvielle, vous me permettrez de vous contredire. Mûre s'il en fut jamais; elle va tomber!

— Ne craignez rien pour votre secret, si vous en avez un, dit Vergniaud; ne craignez rien, mon cher Duchâtel; il sera en sûreté dans quelques heures. Je ne vois pas ici une bouche téméraire qui ose le violer demain. Le plus communicatif de nous tous, Mainvielle lui-même avec son abandonnement fougueux et irréfléchi, vous promet comme moi de devenir tantôt, sur ce qui vous concerne et sur une multitude d'autres choses, aussi taciturne que Valazé. Vous n'aurez pas même pour témoins les grues du poète Ibicus. Dissipe ce dernier nuage, Ducos! chante-nous un de ces airs qui ont si souvent charmé nos soirées, et qui auroient ému les pierres de notre prison, si les pierres étoient encore sensibles aux chansons du poète. Achille chantoit. Chante, Ducos! prends ta lyre!....

DUCOS.

L'éphore le plus scrupuleux n'y couperoit pas une corde. Je vais chanter un pont-neuf.

GENSONNÉ.

Un pont-neuf! je croyois que tu aspirois à t'élever aux plus hautes régions du Parnasse à côté de Fabre et de Chénier, et tu te rabaisses au-dessous du vol rampant de Laignelot (XXXV) jusqu'au badinage trivial de Pons de Verdun (XXXVI)!

DUCOS.

Par exception. Je ne m'y retrouverai plus. Cette idée m'est venue pendant l'ennuyeux réquisitoire de Fouquier-Tinville, et je m'y suis livré volontiers pour me distraire du mauvais style du Châtelet (XXXVII). La pièce est d'ailleurs de circonstance, comme vous allez voir, dans un banquet que nous devons apparemment à la munificence de Bailleul. J'ai rimé sa dernière et disgracieuse Odyssée (XXXVIII).

Et il entonna en effet le plaisant pot-pourri dans lequel il raconte avec une verve si comique l'arrestation de son ami :

>Un soir de cette automne,
>De Provins revenant...
>Quoi? sur l'air de la nonne
>Chanter mon accident?..
>Non, mon honneur m'ordonne
>D'être grave et touchant....

La prononciation fortement accentuée de Ducos prêtoit une vérité singulière au goût piquant avec lequel il imitoit les intonations et les broderies un peu maniérées d'un de ses jeunes compatriotes, déjà célèbre alors, et dont la *Gasconne* avoit beaucoup étendu la réputation. Il fut interrompu par de bruyants éclats qui redoublèrent à ce vers solennel :

Peuple françois, écoutez-moi sans rire!

Tous les vers naturels ou satiriques, tous les traits remarquables par le sel ou la naïveté de l'expression, furent accueillis avec le même élan, et la plupart se répétèrent en chœur (XXXIX).

L'enthousiasme des refrains a quelque chose de contagieux; les refrains couroient avec le punch; les chansons se succédoient, se croisoient, se perdoient les unes dans les autres, plus vives et plus turbulentes par leur confusion. C'étoit la boutade soldatesque pour Viger, la romance patoise du Comtat pour Duprat; pour presque tous, les beaux airs patriotiques de la révolution, dégagés des cruautés de l'esprit de parti et des obscénités de la populace. La Gironde mouroit républicaine, mais elle n'avoit jamais mieux compris qu'en ce moment la nécessité de mourir pure de sa malheureuse alliance avec des passions frénétiques, dont le débordement passoit sur la république comme une tempête, et ne devoit laisser derrière lui que des ruines irréparables.

Vergniaud avoit cessé de prendre part à la délirante expansion de ses convives. Depuis quelque temps il rouloit sa montre entre ses doigts sans la regarder. Tout à coup il l'ouvrit négligemment en la dégageant de sa double boîte cerclée en cuivre.

— Cinq heures, s'écria-t-il ! oh ! que les belles nuits passent vite ! Ne nous reste-t-il plus rien de mieux à faire que de boire et de chanter ? Ce n'est pas trop de deux heures peut-être pour penser, pour écrire, pour finir nos arrangements avec le monde, ou du moins pour dormir un peu.

Et quand il eut dit cela, il remonta sa montre par distraction.

— Le monde s'arrangera comme il pourra, répondit Mainvielle. Je ne me suis jamais fort soucié de lui, et je m'en soucie moins que jamais. Penser, je m'en avise rarement. Écrire, c'est un ennui. Quant à dormir, j'ai bien le temps.

Les Girondins, subitement ramenés cependant à une pensée sérieuse, s'étoient tournés en silence par un mouvement simultané du côté de Vergniaud, et paroissoient prêts à suivre son exemple, quand la porte de la salle s'ouvrit.

Les concierges et les guichetiers, accompagnés d'un huissier du tribunal, se rangèrent sur deux files pour les reconduire dans leurs cachots à mesure qu'ils répondoient à l'appel de l'officier judiciaire.

— Messieurs, dit Vergniaud en souriant, la séance est levée.

Cinq minutes après, la salle du festin n'avoit plus d'hôte que Valazé.

Arrivés successivement au vestibule par groupes assortis, suivant l'habitude de tous les jours, les Girondins se rangèrent pour la dernière fois sous la direction de leurs guichetiers.

L'adieu accoutumé courut sur toutes les lèvres; il y fut suspendu par une réflexion rapide. Il n'y avoit plus entre eux d'espérances à concevoir, il n'y avoit plus de vœux à faire. Les paroles que les hommes s'adressent ordinairement en se quittant pour se revoir n'étoient plus à leur usage. Cette idée a quelque chose d'extraordinaire qui étonne les courages les plus affermis.

Ils se regardèrent, se cherchèrent encore à la lueur des huit torches qui éclairoient l'étroite enceinte, se jetèrent dans les bras les uns des autres, et cette fois-là, presque sans prédilection de parti ni d'affection. Il n'y a rien qui rapproche et qui confonde toutes les nuances d'opinion et d'intérêt comme la présence de la mort.

Ils avoient voulu l'égalité avec tant d'ardeur! — L'égalité, c'étoit cela.

Leur émotion étoit calme et fière, mais elle dut être profonde. Elle interrompit un moment jusqu'au rire inextinguible de Mainvielle.

— Messieurs, dit le principal guichetier, à vos places, et que personne ne bouge de son numéro. Dites-vous bonsoir ou bonjour, c'est naturel, et j'y prends beaucoup de plaisir; mais il faut que le service se fasse, et je ne suis pas ici pour vous attendre! Vous vous embrasserez demain...

Et ces hommes si puissants une année auparavant, qui avoient démoli en se jouant le trône de Charlemagne, et foulé à leurs pieds toutes les vieilles constitutions des Gaules, se rendirent sans résister à l'ordre du valet des prisons.

Alors, les torches se divisèrent, s'abaissèrent sous des voûtes opposées, se perdirent dans les détours de quelques corridors, et on entendit gronder tout ensemble huit gonds de fer que les GIRONDINS ne devoient plus voir tourner devant eux.

Un instant à peine s'étoit écoulé que le vestibule retentit d'un grand éclat de rire. Les guichetiers revenoient.

Gensonné s'étoit trouvé tout à coup séparé de ses compagnons ordinaires. Il s'étonna d'être conduit dans un cachot qu'il ne connoissoit point, et qui ne paroissoit pas pouvoir admettre plus d'un prisonnier. Quoiqu'il lui coûtât d'être éloigné de ses amis pour le peu de moments qu'il avoit encore à passer avec eux, il ne pensa pas à se plaindre; car il avoit toute la résignation qui vient de la force; mais sa surprise redoubla quand il vit le guichetier qui l'escortoit refermer la lourde porte en dedans, poser sa lanterne sur le pavé, et s'asseoir sans façon au pied de l'étroite couchette qui composoit tout l'ameublement de ce trou. Gensonné recula d'un pas. Le guichetier ôta son bonnet, passa la main dans ses cheveux, et regarda fixement le député.

— Eh bien! dit Gensonné, dois-je vous avoir ici pour témoin ou pour gardien, maître Pierre, pendant ces heures d'agonie que les lois d'aucun pays n'ont disputées à la solitude et au recueillement?

— Non! lui répondit le guichetier, nous allons nous séparer. Mais répondez-moi d'abord : me reconnoissez-vous?

GENSONNÉ.

J'ai quelque réminiscence de vous avoir vu

ailleurs, une fois ou deux, je ne sais où, et cette impression m'a légèrement occupé quand je vous ai retrouvé ici.

PIERRE ROMOND.

Ne vous rappelez-vous pas du moins le nom de Pierre Romond de Payerne, cent-suisse de Sa Majesté Louis XVI?

GENSONNÉ.

Pierre Romond de Payerne!... C'est aussi un souvenir vague dans mon esprit, un souvenir qui tient du rêve... et qui ne me paroît important ni pour vous ni pour moi. L'occasion ne me paroît pas favorable pour s'en entretenir.

PIERRE ROMOND.

Plus favorable que vous ne pensez. Vous n'avez pas oublié sans doute la journée du 10 août. Elle est assez mémorable!

— La journée du 10 août, dit Gensonné en couvrant son front de sa main, je m'en souviens! Elle n'auroit pas emporté tout l'avenir de la société européenne avec elle, continua-t-il à demi-voix, si des conseils insensés n'avoient prévalu sur les miens (XL).

PIERRE ROMOND.

Le 10 août, monsieur Gensonné, vous avez arraché un soldat suisse à la fureur du peuple.

GENSONNÉ.

J'ai eu le bonheur d'en sauver quelques-uns, et un entre autres que vos traits me rappellent... Mais où voulez-vous en venir?

PIERRE ROMOND.

Nous y sommes, grâce à Dieu. Après m'avoir délivré, vous m'avez conduit chez vous, vous m'avez couvert de vos vêtements; l'uniforme que je portois m'auroit livré à la mort, vous m'avez donné de l'argent pour vivre et pour regagner mon pays. Je n'ai pas quitté Paris où je pouvois cacher mon nom et mon existence dans un atelier, en travaillant d'un métier que je sais. — Quand vous fûtes arrêté l'été dernier, je ne pensai plus qu'à solder ma dette envers vous. Cela étoit cher et difficile, monsieur; je fus obligé de me faire jacobin pour devenir guichetier; je parvins à cette distinction que je ne donnerois pas aujourd'hui pour un royaume, avec la protection des amis que je m'étois faits à clabauder dans les clubs et dans les sections. Depuis j'ai attendu, résolu mais patient. Absous, comme je l'espérois, vous n'auriez pas entendu parler de moi ni de ce que je vous dis; vous êtes condamné, et je m'acquitte.

GENSONNÉ.

Qu'entendez-vous par là, mon bon ami?..

PIERRE ROMOND.

La chose la plus simple qu'il soit possible d'imaginer. — J'ai obtenu sans difficulté de la complaisance de mes camarades l'office peu ambitionné d'introduire ce matin l'homme que vous savez... le bourreau. Je dois sortir à six heures, voilà mon ordre. — Vous allez prendre mes habits, jeter les vôtres, et me lier les pieds et les mains sur ce grabat. Six heures sonnant à la chapelle, il ne s'en faut qu'un moment ! vous sortirez à ma place avec ce trousseau de clés. Vous avez ici la clé du premier guichet ; celle-ci ouvre le second, celle-là le troisième ; celle du quatrième, vous la voyez bien. Remarquez que je vous les présente dans leur ordre, et ne tourmentez pas les serrures comme un homme inexpérimenté, de peur de donner l'éveil. Une, deux, trois, quatre !... un enfant ne s'y tromperoit pas. — Après cela, traversez hardiment la salle des guichetiers ; comme ils ont veillé jusqu'au matin pour vous observer, et qu'ils ont prélevé d'amples gorgées sur votre vin, ils ne feront pas attention à vous : ils commencent à sommeiller. — A la dernière porte vers l'extérieur, il y un gardien de service extraordinaire qui ne nous connoît ni vous ni moi. Il vient d'être dépêché de la commune. Présentez-lui votre ordre ouvert sans rien dire, sans répondre s'il vous parle ; c'est la consigne ; il ouvrira, vous sortirez; vous ne ferez pas ma commission, je suppose. — Vous gagnerez un asile, et facilement; j'en ai bien trouvé un, moi, pauvre soldat suisse, dans la maison d'un des premiers citoyens de France qui ne m'avoit jamais vu, et qui, tout à l'heure, ne se souvenoit pas assez de moi pour me reconnoître au visage et à la voix! Je voudrois bien y envoyer avec vous tous vos malheureux amis, mais l'ordre n'est que pour un, et je n'ai pas d'ailleurs la clé des corridors où ils sont renfermés.

— Mais n'entendez-vous rien? continua Pierre, en faisant sauter les boutons de sa veste à force de se hâter.

Mon Dieu, monsieur, n'est-ce pas là six heures?....

— Ce ne sont que les trois quarts, dit Gensonné, tu as le temps.

Ensuite il le regarda, et appuyant doucement les mains sur ses épaules : — C'est de toi seul, dit-il, pauvre et noble garçon, que tu ne t'es pas occupé en concevant ce plan généreux. — Quand l'homme viendra, mon ami, car le bourreau vient toujours, qu'on aille l'appeler ou non, qu'arrivera-t-il de toi ?....

PIERRE ROMOND.

Je n'en sais rien... mais on ne fera pas de moi un homme imposant, un grand orateur, un président du Corps Législatif et de la Convention nationale; on en fera ce qu'on voudra! Ce n'est pas la question. S'il faut souffrir quelques mois, quelques années de prison, je sais souffrir; s'il faut mourir, je sais mourir; soldat, c'est mon état, et je mourrai encore votre débiteur, arriéré envers vous de quatorze mois et vingt jours d'existence que vous m'avez conservés au péril de votre vie! — Au nom de Dieu, finissons-en! — Tout à l'heure, il sera trop tard pour tous deux!

— Gensonné le pressa contre son cœur. — Pauvre Pierre, lui dit-il! et il essuya quelques larmes. — Garat m'avoit donné la même marque d'affection, mais il n'est pas de la destinée de tous les hommes de la recevoir deux fois. — Conserve cet anneau à ton doigt en mémoire de mon amitié! N'hésite pas..... il est sans valeur... il ne vaut pas la peine d'être refusé...

— Vous acceptez donc? dit le Suisse au comble de la joie.

— Non, mon ami, reprit Gensonné, je n'accepte pas, je refuse.

PIERRE ROMOND.

Vous resteriez? cela n'est pas possible!

GENSONNÉ.

Écoute seulement; quand je fus assez heureux pour sauver un homme tel que toi, que faisois-tu?

PIERRE ROMOND.

Ma compagnie étoit détruite, je restois seul. Je venois de jeter mes armes; je me sauvois.

GENSONNÉ.

Voilà qui est bien. Écoute-moi. Si une heure auparavant je t'avois proposé de te réfugier chez moi, en abandonnant ta compagnie, que m'aurois-tu répondu?

PIERRE ROMOND.

Cela ne fait pas de difficulté. Je vous aurois dit que j'étois à mon poste, et qu'un poste ne se quitte pas.

GENSONNÉ.

Eh bien! mon ami, ma place est où je suis, comme celle du soldat devant l'ennemi. Quand la liberté n'est plus, le poste des GIRONDINS est à l'échafaud.

N'insiste pas, continua-t-il en l'embrassant encore, tu ne ferois que te compromettre sans me servir, car ma résolution est invariable..., et pour cette fois, six heures sonnent.

Pendant cette contestation généreuse, Gensonné ne s'étoit pas défait du trousseau de clés que le Suisse avoit remis entre ses mains. Il s'en servit pour ouvrir la porte du cachot, et il le rendit à Pierre qui le regardoit tout consterné.

—Adieu, lui dit Gensonné, adieu mon frère, vas où l'on t'envoie, je t'en prie, et s'il le faut, je l'exige au nom de notre amitié! Si tu tardois, tu serois puni, et je n'aurois pas la consolation de te voir encore une fois ce matin.

Duchâtel et Le Hardy avoient obtenu d'être réunis en ce dernier moment aux saints abbés Émery (XLI) et Lothringer, dont ils devoient recevoir les secours religieux, et qui n'eurent pas de peine à exciter dans ces âmes tendres et fidèles une ferveur déjà vivement ranimée par la persécution, mais qui ne s'étoit jamais entièrement amortie. Le premier de ces dignes et excellents prêtres pouvoit compter, dans sa glorieuse captivité, des triomphes plus difficiles et plus précieux pour la foi. Sa douce et puissante parole avoit réglé depuis plusieurs mois les écarts de l'imagination de Fauchet, et rendu en lui au Dieu souverainement indulgent un esprit fait pour le comprendre et un cœur fait pour l'aimer. C'étoit une noble conquête. Aussi, bien sûr du néophyte qu'il venoit de disposer pour le martyre, il s'étoit empressé d'effacer par son absolution l'apostasie passagère de l'évêque du Calvados, et de lui redonner les pouvoirs de l'église, assez rachetés sans doute par la nouvelle ordination de l'échafaud et par le nouveau baptême du sang. Fauchet, rentré dans son auguste ministère, écoutoit sous d'autres murailles la confession de Sillery.

Non loin de là, Carra continuoit à développer, devant deux ou trois auditeurs assez inattentifs, son abstruse doctrine de l'éternelle reproduction des êtres, et des éternelles probabilités de la métempsychose physique par les combinaisons incessantes de la matière, qui, dans une succession infinie d'agrégations moléculaires — on sent bien, hélas! que nous commençons à reprendre les propres expressions du philosophe — renouveloit essentiellement, et à perpétuité, les mêmes résultats sensisifs et les mêmes modes d'existence; de sorte, par exemple, que les Girondins devoient nécessairement se retrouver au même banquet, dans quelques milliards de siècles, plus ou moins, et une innombrable multitude d'autres fois, pour porter leur tête en sacrifice au glaive des mêmes assassins; mais on ne l'écoutoit guère, comme nous l'avons dit, et on ne le comprenoit pas (XLII).

Duprat donnoit au vieux Morand, dans la chambre voisine, des renseignements nouvellement revenus à sa mémoire, sur les ressources que pouvoit lui laisser encore l'infidélité de ses débiteurs, et il se félicitoit de retrouver dans ses souvenirs quelques moyens d'abord inaperçus d'existence pour ses enfants, sa femme et son ami. Cette idée soudaine et inattendue lui avoit rendu toute sa gaieté.

Mainvielle ne se mêloit pas volontiers aux conversations affaireuses, et il est vrai de dire qu'il étoit d'ailleurs fort occupé de son côté. Il jetoit quatre à quatre sur le papier des vers exclamatifs à la froide beauté dont il venoit d'être question entre Duchâtel et lui, et qui avoit si cruellement dédaigné ses soupirs; il les relisoit ensuite à haute voix avec des intonations emphatiques ou burlesques, accompagnées de gestes pompeux; et chacune de ces boutades déclamatoires étoit couronnée d'un de ces éclats de rire frénétiques auxquels les habitans de la Conciergerie reconnoissoient de loin le beau Mainvielle.

A côté d'eux, Duperret debout, désoccupé de soins qu'il avoit prévus dès le matin ou dès la veille, s'évertuoit à tirer au mur avec la main, comme s'il avoit eu en face le fleuret du montagnard le plus aguerri. Quelques pas plus loin, Viger qui s'étoit endormi en grondant, grondoit encore dans son sommeil, la main fortement appuyée sur la barre de son lit, comme sur une épée.

Les députés de la Gironde, à l'exception de Gensonné, avoient été renfermés dans un cachot commun qui a conservé long-temps à la Conciergerie le nom de *la Gironde*, mais que de nouvelles constructions, moins bien appropriées au style sévère du bâtiment, ont fait complétement disparoître. Ils se hâtoient d'adresser quelques lignes d'adieu à leurs familles, pendant que Vergniaud, qui affectoit l'étrange prétention de n'avoir jamais écrit une seule lettre (XLIII), passoit le temps à graver le nom d'Adèle et le sien avec la pointe d'une épingle, dans la boîte de sa montre (XLIV). Prisonnier, concierge ou bourreau, le dépositaire inconnu à qui ce triste gage fut confié, se montra exact et fidèle. C'étoit le dernier témoignage d'une tendre et chaste amitié qui n'a jamais pu être calomniée. L'Adèle de Vergniaud n'avoit que treize ans.

On dit qu'avant de se séparer de ce modeste bijou, Vergniaud souleva, par le jeu d'un ressort qui n'était connu que de lui, la pierre d'un sceau de cornaline qui étoit suspendu à sa chaîne. Il tira ensuite de cet écrin mystérieux quelques fragments d'un poison subtil qu'il y avoit autrefois mis en réserve pour une semblable occasion, et les laissa tomber épars sur la table où ses compagnons achevoient leur courrier mortuaire :

— Amis, leur dit-il, c'étoit ici la dernière ressource que je me fusse ménagée contre les tyrans de ma misérable patrie, quand je commençai à prévoir leur triomphe; mais sa vertu, mesurée à mes forces, et peût-être déjà fort altérée par le temps, seroit insuffisante entre quatre. Tout fatigué que je suis du voyage, il faut bien que j'aille avec vous jusqu'à l'hôtellerie, puisqu'il n'y a pas de gîte pour tous en chemin.

Lacaze jeta ses bras autour de Vergniaud et le pressa contre son cœur.

Fonfrede fit quelques pas dans le cachot, revint à la table et repoussa vivement le poison.

— La sanglante exécution qu'on prépare, s'écria-t-il en répondant à Vergniaud, est l'acte le plus essentiel de notre vie politique, celui qui en contient l'instruction, qui en résume la moralité devant l'histoire. C'est sous les yeux du peuple qu'il faut mourir; et je regrette pour la gloire de Valazé qu'il se soit réduit au rôle obscur de figurant avant le dénouement d'une si belle tragédie.

Ducos se coucha, et s'endormit presque aussitôt en fredonnant le refrain de son air favori qu'il brodoit tous les soirs de nouveaux caprices.

Un moment après, Vergniaud resta seul assis devant eux, l'œil à la voûte, les bras croisés sur la poitrine, incapable d'accorder un long intérêt à une pensée épuisée, cédant à sa paresse naturelle, et reposant sa tête sur le dossier de sa chaise avec l'insouciance qui lui étoit ordinaire.

Le temps amena enfin l'instant fatal et glorieux qui devoit rassembler tous les condamnés pour la dernière fois. Le sourire de l'adieu fraternel ne sembloit pas avoir quitté leurs lèvres, et leur abord fut si serein qu'on auroit cru qu'ils s'étoient donné rendez-vous pour une fête. Brissot, qu'on avoit toujours vu rêveur et abattu, paroissoit ce jour-là moins sérieux qu'à l'ordinaire, Sillery plus expansif et moins cérémonieux, Vergniaud moins préoccupé ou livré à des distractions plus riantes. Ducos se frottoit les yeux en fredonnant encore. — En vérité, disoit le docteur Le Hardy en secouant la tête avec une fine expression d'ironie, ceci ressemble à une grande leçon de clinique *in articulo mortis*. Voilà bien des gens qui n'en ont pas pour long-temps! — Viger promenoit un œil menaçant sur les soldats; Duperret mesuroit leur chef d'un regard de dédain; Fauchet parcouroit les rangs de ses amis avec de brèves et tendres paroles qui prenoient tour à tour, selon les personnes, la forme du conseil, de l'encouragement ou de la félicitation ; et puis il les saluoit tous à la fois d'une expression de physionomie religieuse et solennelle, comme s'il leur eût adressé dans son cœur une absolution commune. Boyer-Fonfrede se hâtoit de reprendre place auprès de son frère d'adoption pour ne pas s'en séparer à la mort. Le vieux Morand pressoit de sa bouche les mains de son pauvre maître pendant qu'on les lioit, et tout le monde plaignoit amèrement ce vieillard en pleurs qui n'alloit pas mourir.

Gensonné fut quelque temps à tourner sa vue sur le cercle nombreux des guichetiers pour y trouver Pierre Romond. Il le reconnut à ses yeux rouges de larmes, et il lui sourit.

— Messieurs, dit-il, je remarque avec orgueil que la députation de la Gironde est à son poste. Je vous propose de déclarer qu'elle a bien mérité de la patrie.

— Je réclame le même honneur, dit Mainvielle, pour la députation des Bouches-du-Rhône, et je me porte caution de Barbaroux, qui ne fera pas défaut à son mandat.

— Tête et sang, s'écria Viger, je le réclame pour la France entière, qui est fort convenablement représentée ici, sans en excepter le digne mandataire de la commune de Paris.

— J'ai beau chercher, répondit Ducos en riant, je ne trouve pas celui-là....

— Le voilà, répliqua Viger en lui montrant le bourreau.

Pendant qu'ils parloient ainsi, les condamnés se succédoient sur la sellette de bois où ils venoient subir les hideux préparatifs de l'exécution, avec autant de calme que s'il s'étoit agi en effet de leur *toilette* du matin.

Quand ce fut au tour de Duchâtel, et au moment où il livroit aux valets de Samson sa belle et longue chevelure, une main qui ne fut pas vue fit tomber à ses pieds un bouquet de marguerites et d'immortelles qu'attachoit un ruban bleu de ciel à liseré noir. Un billet s'en détacha.

— Encore une conspiration ! dit l'officier de justice en se saisissant du papier; et il essaya de lire.

Le greffier vint au secours de son embarras. Il s'approcha et lut :

POUR MONSIEUR DUCHATEL.

Mon cœur a partagé votre amour, cher Duchâtel, et cependant je n'y ai pas expressément répondu, parce qu'il n'y avoit entre nous aucun rapprochement possible sur la terre.

Aujourd'hui vous subissez votre arrêt, je reçois mon acte d'accusation, et vous ne me précédez que de quelques jours au lit nuptial. Allez m'attendre, mon ami. Mon cœur et ma main vous appartiennent dans l'éternité.

Cécile.

— Ô bonheur ! s'écria Duchâtel, ô jour qui rassemble plus de joies dans mon cœur que je ne le croyois capable d'en contenir !... — Puis se retournant du côté de l'exécuteur : —At- attache-moi ce bouquet et ce ruban, continua- t-il avec exaltation.... C'est moi qui suis le marié !

— Sans rancune, heureux ami, interrompit Mainvielle; vous étiez digne sous tous les rapports d'une préférence qui me condamne à d'éternels regrets, mais que je ne saurois désapprouver. Montrez-vous seulement généreux en me choisissant pour garçon de noce. Vous verrez si je sais faire les honneurs d'un bal!....

Le rapprochement grotesque de ces idées auroit fourni un texte inépuisable à ses bruyantes plaisanteries, que Duchâtel n'entendoit pas, absorbé comme il l'étoit dans le sentiment d'une grave et puissante félicité, si, dans l'instant où Mainvielle étoit prêt à redoubler d'éclats et de folies, la première porte de la Conciergerie ne se fût ouverte pour faire passage au convoi.

Et en même temps on s'aperçut d'un mouvement dans l'intérieur, et on entendit un cri.

— Ce n'est rien, dit le délégué du tribunal. Ce n'est pas une révolte. C'est une femme qui meurt.

Les vingt condamnés furent entassés dans la cour sur une longue charrette à ridelles. Ils sortirent suivis d'une autre charrette que traînoit un seul cheval, et sur laquelle on avoit jeté la claie de Valazé, mal couverte d'un linge grossier qui laissoit échapper un de ses bras, un bras pâle et une main ensanglantée.

— Vive la Montagne! cria le peuple.

— Vive la République! répondirent les Girondins.

Jamais une des journées sombres et pluvieuses de l'automne ne s'étoit annoncée d'une manière plus lugubre que le 31 octobre. Jamais un brouillard plus ténébreux n'avoit voilé le soleil; jamais une pluie plus subtile et plus pénétrante n'avoit dû rebuter les curieux qu'appelle ordinairement de toutes parts le spectacle piquant d'un assassinat public commis au nom de la loi, par un égorgeur à brevet qui rentre ensuite paisiblement chez lui sous la protection de la justice, puis se lave les mains et déjeune avec sa femme. Cependant le concours fut immense, et tel qu'aucun événement du même genre n'en avoit réuni un pareil. C'étoit une profonde cohue, mobile comme les flots d'une mer agitée, qui sembloit tourmentée de passions et d'émotions diverses, parmi lesquelles dominoient, sans doute, l'étonnement et la terreur, et d'où s'échappoient par intervalles d'épouvantables clameurs, semblables aux grondements du tonnerre dans une tempête. Les condamnés y répondoient par le cri répété de *Vive la République!* ou par celui de *Vive la France!* dont la voix vigoureuse de Le Hardy frappa sur tout son passage les vitrages frémissants.

— Vive la République! reprenoit Gensonné en persiflant..... — la République, que vous n'avez pas et que vous n'aurez jamais.

— Soyez soumis aux lois, disoit Fonfrede, et n'oubliez pas la France qui est votre mère!.....

— Combien faudroit-il de baïonnettes pour disperser cette canaille altérée de sang? murmuroit entre ses dents l'intrépide Viger.

— Écartez ces enfants, crioit Fauchet, les maladroits sont capables de les blesser!...

Souvent aussi toutes les voix confondues en chœur faisoient retentir les airs de ces beaux vers de Rouget de Lille, qu'on auroit crus inspirés par la prévision du poète, pour le supplice des GIRONDINS :

> Allons, enfants de la patrie,
> Le jour de gloire est arrivé!
> Contre nous de la tyrannie
> L'étendard sanglant est levé!....

La voiture s'arrêta enfin, et la multitude suspendit un moment ses acclamations, afin de rester sans trouble et sans mélange au plaisir de ses yeux, car il se passoit alors des choses propres à fixer son attention. Le corps de Valazé venoit d'être enlevé du petit haquet qui l'avoit conduit, pour être transporté sur un brancard placé au-dessus de l'échafaud; comme il y arrivoit, le pied manqua sur les marches glissantes à un des deux porteurs, et le cadavre échappé à leurs mains roula en bondissant de degré en degré jusque sur le pavé de la place. Pendant ce temps-là d'autres aides de l'exécuteur achevoient de s'assurer du jeu de l'instrument, tandis que leur maître debout sous un parapluie vert, et le front couvert de son chapeau que masquoit à demi une large cocarde aux trois couleurs, présidoit de la parole et du geste aux dernières dispositions de cet exécrable appareil.

Bientôt une rumeur, qu'on ne peut comparer qu'à celle des bêtes féroces auxquelles on porte leur curée, roula sur cet océan d'hommes et de femmes impatiens qui attendoient un supplice. Un vieillard montoit, escorté et non soutenu, avec plus de légèreté que son âge et ses infirmités ne paroissoient le permettre, et saluoit, en souriant à droite et à gauche, les innombrables spectateurs. Parvenu au point le plus élevé de l'estrade, il salua de nouveau en criant : *Vive la République!* après quoi il se jeta sous le fer, en répétant le même cri. Cette fois la mort l'empêcha d'achever.

Ses amis suppléèrent à sa voix interrompue. *Vive la République!* s'écrièrent-ils en se soulevant de leurs banquettes, dans le transport le plus immodéré d'enthousiasme. *Vive la République!* répondit le peuple en battant des mains.

La voix de Duprat retentissoit encore, quand un souvenir subit des derniers entretiens de la veillée vint égayer l'imagination de Mainvielle : — Tais-toi, dit-il, c'est trop de bruit ! Sillery dort !

— Pourquoi, répondit Duprat, cette couchette n'en vaudroit-elle pas une autre, si elle avoit un oreiller ?

— Tu me fais là, reprit Mainvielle avec le rire qu'on lui connoît, la plus sotte question que tu aies faite de ta vie ! A quoi serviroit un oreiller quand on n'a plus de tête ?

Les condamnés se succédèrent ainsi avec rapidité sur la planche sanglante, sans que le calme de leur esprit parût s'obscurcir du moindre nuage. Carra seul resta plongé dans une méditation plus morne et plus soucieuse que de coutume.

Boyer-Fonfrede et Ducos étoient assis l'un près de l'autre. Quand on vint pour les séparer, ils se donnèrent un baiser d'adieu.

— Mon frère, hélas! dit Fonfrede, c'est moi qui t'ai conduit à la mort!...

— Ne me plains pas, répliqua vivement Ducos, et console-toi! ne mourons-nous pas ensemble?

Chaque exécution fut suivie du cri qui avoit suivi l'exécution de Sillery, réfléchi, comme par un écho, du haut de l'échafaud sur le char des mourants, et de là sur toute la vaste étendue de la place; mais s'affoiblissant peu à peu dans le groupe des martyrs à mesure qu'il s'éclaircissoit d'un martyr de plus, et s'évanouissant enfin tout-à-fait au moment où la République descendit tout entière avec Brissot (XLIV) dans le tombereau des enterreurs.

Il étoit onze heures quand le massacre commença, et trente minutes après, vingt-un des juges du roi de France avoient comparu devant leur juge éternel.

NOTES HISTORIQUES.

I.

Duchatel. Ce nom est souvent écrit Duchastel. On affecta de l'écrire Du Chastel, dans la procédure, parce que cette orthographe sembloit impliquer un crime de plus, la noblesse. Rien en prouve qu'il ait été *garde-du-corps du tyran*, comme l'insinuèrent aussi les journaux de cette époque. Au reste, je déclare à partir d'ici qu'il n'y a rien de plus difficile que de se procurer des notions exactes, même dans leur pays natal, sur ces grands citoyens en l'honneur desquels la convention, affranchie de ses oppresseurs, a décrété depuis des solennités anniversaires.

II

Vergniaud. Qui croiroit que les prénoms de Vergniaud ne sont pas exactement connus ? On l'appelle presque toujours Pierre-Victorin, au lieu de Pierre-Victurnien, qui étoit son nom véritable. Chose bien plus étrange encore ! il n'est pas décidé s'il terminoit sa signature par un D ou par un x. Le *Moniteur* l'écrit Vergniaux, les biographes l'écrivent comme moi ; je m'en suis rapporté à l'orthographe de l'orfévre qui a reproduit son nom dans la boîte d'une montre dont il sera souvent parlé ici. Les plus proches parens que je lui aie connus signent des deux manières.

III.

Viger ou Vigé. L'orthographe du nom de Viger est aussi fort équivoque, et ceci se comprend mieux. Plusieurs l'écrivent Vigée, par fidélité mécanique à l'orthographe d'un nom littéraire beaucoup plus populaire à cette époque. Viger, comme Mainvielle, n'a paru à la Convention nationale que pour mourir.

IV.

Le 31 *octobre à midi.* Les variantes d'orthographe ne sont rien auprès de celle-ci. La date de l'exécution des GIRONDINS est presque une question. La moitié des actes les plus immédiatement contemporains la placent au 31 octobre, et l'autre moitié au premier novembre; mais tous sont d'accord sur la date du jugement qui est du 30 octobre, vieux style, neuvième jour du deuxième mois de l'an deux de la République. Il est incontestable que ce jugement prononcé vers dix heures du soir fut exécuté le lendemain, qui étoit le 31 octobre. Cette méprise s'explique aisément ; la condamnation des GIRONDINS concouroit avec l'introduction du nouveau calendrier où les mois avoient été fort judicieusement réglés à trente jours, comme ils le seront quand nous aurons obtenu les deux premiers élémens d'une société intelligente, un alphabet et un calendrier. Jusque-là nous n'avons pas fait un pas au-delà des sauvages dans la civilisation. L'inscription de la montre léguée par Vergniaud à mademoiselle Adèle Sauvan, au moment où il marchoit à l'échafaud, porte la date du 1er novembre ; mais quand cette inscription fut substituée par un goût malheureux, ou par une précaution touchante, à quelques égratignures d'épingle que la main de Vergniaud avoit tracées, la confusion de ces dates s'étoit augmentée par l'habitude. Il est bien probable, du moins, que cette opération ne fut confiée aux soins d'un graveur, que lorsqu'il n'y avoit plus de danger à la faire ; et celui-ci tomba dans une erreur assez naturelle, en oubliant que le mois d'octobre avoit trente et un jours. La date du 1er novembre est donc abusive dans la montre et dans les biographies. Le 1er novembre, Vergniaud étoit mort.

V.

DUPERRET. Dans les deux assemblées législatives dont il a fait partie, il n'a pris d'autre titre que celui de cultivateur, qui convenoit seul en effet à sa vocation politique. Son fils, qui a donné depuis des écrits très-remarquables, a rétabli ce point de sa biographie en attribuant à sa famille une origine, sinon plus honorable, au moins plus illustre. Tous les faits qui concernent Duperret sont détachés ici ligne à ligne des pages du *Moniteur*.

VI.

MAINVIELLE. Il est impossible de justifier Mainvielle de ses violences d'Avignon avant la réunion du Comtat, mais quelles violences une guerre civile ne peut-elle pas du moins expliquer dans un adolescent de tête ardente que n'éclaire pas encore l'expérience de l'histoire? Ce n'est pas d'ailleurs ici une question de notre révolution. C'étoit pour le pays de Mainvielle une question d'état et de patrie, comme celles qui ont soulevé depuis la Grèce et la Belgique. Il n'y a certainement pas un conventionnel que les biographies aient d'ailleurs plus faussement apprécié, ou pour mieux dire il n'y a pas une seule biographie qui parle de Mainvielle avec connoissance de cause. On assure par exemple que ses crimes révoltèrent tellement la Montagne elle-même qu'elle le repoussa avec horreur comme factieux et comme assassin. C'est prêter à la Montagne une délicatesse bien timorée, et au parti de la modération qui fit admettre Mainvielle une bien étrange abjuration de principes. Cette discussion fournit à Guadet une de ses improvisations les plus éloquentes. Il est vrai que

Mainvielle étoit accusé d'une tentative d'assassinat, désignation impropre d'une altercation menaçante et qui faillit devenir tragique, selon l'usage du pays, mais qui ne fut point suivie d'effet. Le dénonciateur étoit Duprat l'aîné, le plus fougueux révolutionnaire d'Avignon, qui avoit demandé à grand cris la tête de son frère le *modéré*, le fédéraliste, le conspirateur, de Duprat le conventionnel. Mainvielle, si étroitement uni à Duprat le jeune, s'étoit livré à cette occasion à tous les emportements dont son caractère étoit capable. Voilà le crime que lui reprochoit Marat, et pour lequel il est permis d'être plus indulgent que Marat, qui étoit ordinairement moins méticuleux en matière de crimes.

VII.

Puis disparu dans le corridor, derrière une porte, etc. Cet épisode d'un amour de prison a deux grands défauts; le premier, c'est d'être romanesque, prétention insupportable dans un travail historique studieusement fait, qui annonce le ferme dessein d'être aussi vrai que possible; le second, c'est d'être commun dans un genre où le commun est intolérable. Je ne peux l'excuser qu'en attestant qu'il m'a été raconté plusieurs fois, avec des variantes de peu d'importance; il n'en falloit pas davantage pour m'imposer le devoir de le conserver, même sous la forme assez obscure que lui a laissée l'incertitude de mes enseignements. Sa brièveté lui méritera d'ailleurs quelque indulgence. Il n'occupe en tout qu'une page.

VIII.

BONNEVILLE. Nicolas Bonneville, d'Evreux, collaborateur de Berquin, traducteur du *Théâtre allemand*, poète, publiciste et philosophe, associé de Fauchet dans la rédaction de la *Bouche de fer*; un des hommes les plus élevés d'esprit et de cœur que la période révolutionnaire ait produits, auroit sans doute laissé plus de souvenirs comme écrivain dans une époque plus favorable aux lettres. Le désordre des temps qui favorisoit la fougue de sa jeune imagination, et surtout la malheureuse habitude d'un verbiage maçonique porté au dernier degré d'impénétrabilité par le docteur Seyffer et quelques autres illuminés d'Allemagne, le détournèrent d'une voie où il avoit de nombreux succès à recueillir ; mais rien ne pouvoit détourner cette belle organisation de la modération et de la vertu. Passionné pour la liberté, mais ennemi de tous les excès et incapable de condescendre à l'idée d'une violence politique, il fut dénoncé comme royaliste par Marat, et la beauté remarquable de ses traits le défendit seule des furies de la populace. Il étoit l'ami d'André Chénier qu'il devança dans d'admirables dithyrambes contre les assassins de septembre, et André Chénier lui-même ne les a pas surpassés. Il fut depuis celui de Thomas Payne, de Kosciusko, et l'hôte assidu de tous les malheureux de tous les partis ; car des entreprises industrielles l'avoient fait riche un moment. La publication du

Bien informé, rédigé de moitié avec Louis-Sébastien Mercier, le rendit odieux à Bonaparte qui le ruina par la saisie illégale de ses presses, dès la première année du gouvernement consulaire. C'est le temps où je le connus dans les prisons et où je reçus de lui ce beau type de Fauchet tout neuf encore dans sa mémoire, mais que le temps et la succession de tant d'impressions diverses ou contraires, ont nécessairement beaucoup altéré sous ma plume. Bonneville dont les premiers vers, si gracieux, si doux, si nouveaux dans notre langue, avoient vivement excité la prédilection de la Reine, qui prit sous sa protection l'essor de cette muse de dix-huit ans, a survécu de beaucoup à la Restauration. Il est mort bien pauvre, et n'ayant pas une chaise où s'asseoir, dans une échoppe de bouquiniste de la rue des Grés. Une demande, hélas trop tardive, de M. de Vigny, de M. Victor Hugo et de moi, à mon illustre ami M. de Martignac, toujours si disposé à protéger le talent et à secourir le malheur, n'aboutit qu'à payer les frais de l'enterrement.

IX.

LE HARDY. Ces renseignements, et tous ceux qui le concernent dans la suite de cet essai, m'ont été donnés il y a plus de vingt-cinq ans par madame Magot, sœur de Le Hardy, femme d'un ancien et brave capitaine d'infanterie, devenu receveur des contributions à Saint-Ylie, près de Dôle. Je lui ai dû en même temps la communication d'un grand nombre de lettres de son généreux frère, plus honorables les unes que les autres pour le caractère de ce digne homme, et dont j'ai grand regret de n'avoir pas pu conserver quelques traits simples et touchants, d'un grand bonheur de sentiment et d'expression.

X.

La brune Gabrielle et Illyrine l'évaporée. Je n'aurois pas cru remplir toute ma tâche si j'avois laissé échapper quelqu'un de ces détails du temps qui me sont parvenus par hasard, et qu'on peut trouver assez caractéristiques, mais je me serois fait scrupule de les inventer. J'ai vu ces dames, un peu plus mûres d'âge et non pas de raison, revenues des passions et non pas de l'intrigue; femmes politiques, et qui pis est, peut-être, femmes auteurs. Leurs romans, assez mal écrits, et fort suspects pour l'histoire, ne manquent pas d'un certain intérêt anecdotique, et plusieurs des lettres qui y sont rapportées ont été en autographe dans mes mains.

XI.

Bailleul. Avocat, député de la Seine-Inférieure, alors âgé de 31 ans. Il avoit été le compagnon de captivité des proscrits après son arrestation à Provins, et sa conduite énergique et pure à la convention nationale lui méritoit bien cette distinction. On se contenta cependant de le colloquer parmi les soixante-treize dont il partagea la rigoureuse destinée jusqu'à leur rappel solennel et expiatoire dans le sein de l'assemblée. — Selon la tradition des vieux amis des Girondins, ils étoient convenus entre eux que les absous pourvoiroient au festin funèbre des condamnés, et M. Bailleul, seul échappé à la mort, n'oublia pas, dit-on, cet engagement. Je ne pouvois pas me dispenser de faire allusion à une anecdote si glorieuse pour lui, et qu'il n'appartient qu'à lui de démentir. M. Bailleul est vivant.

XII.

Jean-Baptiste Morand. La touchante action du domestique de Duprat s'est conservée dans tous les recueils, mais il n'en est pas de même de son nom, sur lequel toutes mes recherches ne m'ont fourni qu'une approximation fort douteuse. Le prix Monthyon n'étoit pas encore fondé, et s'il avoit été possible de le lui décerner en ce temps-là, Jean-Baptiste l'auroit expié à l'échafaud de son maître. Je suis encore plus mal à mon aise avec Pierre Romond, le Suisse de Gensonné, dont je n'ai jamais pu retrouver la trace, quoique son histoire ne soit pas moins authentique. Pierre Romond est un personnage vrai dont le nom est d'invention dans mon livre. Il vaut la peine d'être cherché !

XIII.

Ce ne sont pas là des hommes de sang. Il faut rendre à César ce qui appartient à César. Ce mouvement n'est pas de Carra, mais de M. Réal, qui l'employa d'une manière merveilleuse et décisive dans le procès du comité révolutionnaire de Nantes. M. Réal devint depuis un des hommes de l'empire, et dans sa vieillesse virile qui promet de longs jours, il est aujourd'hui connu sous le nom de M. le comte Réal, que je ne lui ai pas donné plus tôt pour ne pas jeter de vague entre les époques. Ma déplorable vie de jeune homme a été loin de lui devoir de la reconnoissance, mais ce sentiment ne sauroit influer sur l'expression de mes convictions littéraires; et je déclare hautement que les brillantes circonstances de position où il s'est trouvé lui ont ravi plus d'avenir que nous n'en avons perdu, mes amis et moi. Trois ou quatre plaidoyers presque improvisés lui promettoient le premier rang au barreau si dramatique de cette période révolutionnaire, qui n'est pas finie. Je les savois par cœur en prison, comme je les sais encore, et je ne me les rappelle jamais sans me sentir ému d'admiration et de regrets sur un si beau talent, malheureusement sacrifié aux honneurs et à la fortune.

XIV.

Danton.... *dont la figure hideuse épouvante la liberté.* Cette violente hyperbole est de Saint-Just.

XV.

Guadet.... Gussy. Quelques-uns des personnages dont il est question dans ce paragraphe ont trop de rapport avec les miens pour que je ne les fasse pas connaître du lecteur. Je les reprends donc selon l'ordre alphabétique :

BARBAROUX, Charles-Jean-Marie, né à Marseille, avocat et homme de lettres, député des Bouches-du-Rhône, âgé de 26 ans (au moment de l'action), mort sur l'échafaud à Bordeaux le 25 juin 1794, après s'être frappé inutilement de deux coups de pistolet. C'étoit un des membres les plus jeunes et les plus éloquents de la Convention. Sa force et sa beauté en faisoient une espèce de héros épique, dont la physionomie est supérieurement tracée dans d'excellentes pages des *Mémoires* de Louvet et de madame Rolland.

BUZOT, François-Nicolas-Léonard, né à Evreux, avocat, député de l'Eure, âgé de 33 ans, mort l'été suivant dans un champ des environs de Saint-Emilion, où il fut trouvé à demi dévoré par les loups.

La Montagne l'appeloit le roi Buzot, parce qu'elle le regardoit comme le chef et l'âme des prétendus complots des fédéralistes.

GIREY-DUPRÉ, Joseph-Marie, né à Paris, homme de lettres et journaliste, âgé de 24 ans, exécuté à Paris vingt jours après les GIRONDINS, le 20 novembre 1793. Il n'étoit pas de la Convention nationale; mais il avoit adhéré d'une manière assez vive aux principes des *hommes d'état* pour se signaler à leurs bourreaux. A l'époque où parle Gensonné, il étoit déjà prisonnier à Bordeaux; mais il ne fut amené à la conciergerie qu'après la mort de ses amis.

GUADET, Marguerite-Elie, né à Saint-Emilion, avocat, député de la Gironde, âgé de 35 ans, mort sur l'échafaud à Bordeaux le 17 juillet 1794, avec la plus grande partie de sa famille. Guadet fut le rival d'éloquence de Vergniaud et de Gensonné dont il ne cessa pas d'être l'ami. Quelques-uns de ses mouvements oratoires l'emportent, même en véhémence tribunitienne, sur tout ce qui s'est conservé de plus remarquable dans ce genre, chez les anciens et chez les modernes.

Louvet, dit de Couvray, Jean-Baptiste, né à Paris, homme de lettres et journaliste, député du Loiret, âgé de 29 ans; mort le 25 août 1797, à l'âge de 33 ans. Le seul des personnages historiques de ce récit qui ait été emporté par une mort naturelle. Le roman de *Faublas* lui avoit acquis, très-jeune, une réputation d'esprit dont peu d'écrivains de nos jours seroient jaloux. Il y a de l'éloquence, bien qu'un peu apprêtée, dans quelques-unes de ses philippiques, et le récit de sa proscription renferme des pages admirables.

Pétion ou Péthion de Villeneuve, Jérôme, né à Chartres, avocat, maire de Paris, député d'Eure et Loir, âgé de

40 ans, mort de faim dans les champs de Saint-Emilion, où il fut dévoré par les chiens et les loups, vers le milieu de l'année 1794. Son parti l'avoit appelé Aristide. Les biographes ne s'accordent pas même sur l'ortographe de son nom.

Salles, Jean-Baptiste, né à Vezelise, médecin et homme de lettres, député de la Meurthe, âgé de 33 ans, exécuté à Bordeaux quelques mois après la mort des Girondins, le 20 juin 1794.

Deux des députés nommés plus haut, Mazuyer et Noël, sont morts aussi sous le couteau révolutionnaire. Une multitude d'autres, ou victimes ou fugitifs, échappent à ces rapides revues, déjà trop multipliées par rapport à la dimension de cet écrit. La catastrophe du 31 mai demanderoit à elle seule une longue biographie spéciale.

XVI.

Les anthropophages du Nouveau-Monde. Ces expressions sont en effet celles de Barbaroux qui a pu s'en servir avant de se séparer de ses amis, mais qui les a consignées plus tard en caractères immortels dans une lettre à son fils au berceau. Nous recommandons aux études des républicains à venir cet admirable monument d'éloquence et de raison.

XVII.

Jacob Dupont. C'est le nom d'un conventionnel, d'ailleurs peu connu, qui avoit fait à la tribune profession d'athéisme. Il disparut devant l'étrange théisme de Robespierre, et mourut, suivant les biographes, en état de démence.

XVIII.

La révolution est comme Saturne, etc. Cette phrase célèbre de Vergniaud a été prononcée dans une question d'assignats. En m'exposant au danger de faire parler des orateurs tels que ceux-ci d'une manière indigne d'eux, je n'ai rien négligé du moins pour recueillir et encadrer leurs plus belles paroles, toutes les fois que j'ai pu les lier au sujet. Ce genre de centon n'a rien de disgracieux, à mon avis, tant qu'il n'est pas postiche et forcé.

XIX.

Comme Mirabeau celui de la monarchie. « J'emporte le deuil de la monar- » chie; les factieux s'en disputeront les » lambeaux. » Dernières paroles de Mirabeau, rapportées par Cabanis.

XX.

Sur le peuple tout entier. Ce discours n'est qu'un pastiche sur la faiblesse duquel je ne me fais pas illusion, mais qui représente du moins avec quelque vérité le mouvement du langage et les formes familières de l'orateur. Je l'avais détaché des Girondins comme *spécimen* dans un fragment *sur l'éloquence de la tribune* qui a trouvé sa place ailleurs, de manière qu'il fera double emploi dans mes *Œuvres*, puisqu'un libraire a jugé à propos de réunir sous ce titre pompeux quelques écrits profondément oubliés qui ne méritoient pas tant d'honneur. J'aurois facilement pourvu à cette redondance inutile en le remplaçant par un autre, car il n'y a rien de plus facile qu'un mauvais pastiche, mais c'est déjà trop d'un pastiche de Vergniaud. Il faut étudier toute sa vie les grands écrivains et les imiter si l'on peut. Il ne faut pas les contrefaire. Ici, la circonstance et le sujet m'excusent peut-être.

XXI.

Oubliez nos déplorables disputes. La Source, préoccupé du projet d'usurpation ou de dictature du duc d'Orléans, n'avoit cessé de le poursuivre de cruelles *philippiques*. Ce fut lui qui demanda l'arrestation du prince, et celle de Sillery qu'il devoit retrouver à l'échafaud. J'ai appris du vénérable abbé Emery, dont il sera question plus tard, que La Source et Sillery s'étoient embrassés à plusieurs reprises le jour de l'exécution. En général, et je ne saurois trop le répéter, il n'y a ici de mon invention que l'enchaînement logique des paroles, et j'ai cherché à le rendre aussi rationnel que possible. Tout ce qui fait allusion aux faits est fondé sur des écrits ou des traditions verbales dignes de foi.

XXII.

Tu mourras comme Sidney. Cette phrase est de Girey-Dupré (V. *note* xv), qui la prononça peu de temps après devant le tribunal assassin, en répondant à l'interpellation qui lui étoit faite sur ses rapports avec Brissot. Je la donne ici à un autre, en vertu d'un privilége dont j'ai usé souvent sans dissimuler cette licence, celui de m'emparer de quelques belles paroles des absents, dans les occasions où elles ont pu se présenter naturellement à un de mes personnages.

XXIII.

La Fayette, l'idole devant laquelle j'avois si long-temps sacrifié. V. *le Moniteur*, séance du Corps législatif, 19 août 1792. Puissent de nouvelles révolutions ne jamais rappeler au noble vieillard dont parle ici La Source, l'ingratitude et l'injustice des républiques!

XXIV.

Lamourette, Adrien, né à Tervent, dans le Boulenois, homme de lettres, prêtre, évêque constitutionnel de Lyon, membre du corps législatif, exécuté à Paris à l'âge de 52 ans, le 10 janvier 1794, soixante-dix jours après les Girondins. Il dut se trouver en même temps qu'eux à la conciergerie, où M. l'abbé Emery le réconcilia, comme il avoit fait pour Fauchet, avec Dieu et l'Eglise. C'est de la bouche même de M. l'abbé Emery qu'a été recueillie l'expression fort connue à laquelle on fait allusion ici, et qui est rapportée par la plupart des biographes.

XXV.

Par le saint Evangile. Duperret étoit protestant, ce qui explique l'interjection familière que la tradition lui attribue.

XXVI.

Il y a un an à Beaucaire. Bonaparte pouvoit s'y être effectivement rencontré en ce temps-là. Un des petits pamphlets politiques par lesquels il paya son tribut aux orageuses passions de l'époque, étoit intitulé : *Le souper de Beaucaire*, et on n'ignore pas qu'il fut imprimé à Avignon dans les premiers mois de 1793 ; c'est-à-dire sous les yeux des amis de Duprat.

XXVII.

Les Romains ne vouloient pas y prendre des esclaves. Ce reproche est loin d'avoir rien d'injurieux en soi, car il ne peut être que fort honorable pour un peuple de ne point paroître propre à la servitude ; mais il fut saisi avec empressement dans sa mauvaise acception par les nombreux ennemis du gouvernement impérial, quand Napoléon eut ouvertement rompu avec le principe révolutionnaire, parce qu'il n'en avoit plus besoin. La phrase dont il est question, devenue promptement populaire, courut la France sous le nom de M. Lanjuinais, un des membres de la foible opposition du sénat où se conservoient encore quelques sentiments de liberté.

XXVIII.

Cazotte, Jacques, né à Dijon en 1720, guillotiné à Paris dans sa soixante-trei-

NOTES HISTORIQUES. 197

zième année, le 25 septembre 1792; et qui n'est pas cité assez souvent comme un des esprits les plus ingénieux, un des plus nobles caractères, et un des hommes les plus vertueux du dix-huitième siècle. Il est fait allusion, dans le passage qui donne lieu à cette note, au fameux récit de la prédiction de Cazotte que Laharpe publia seulement quelques années après, mais qui pouvoit circuler dès lors dans le monde littéraire et politique. Authentique, cette prophétie seroit des plus extraordinaires; apocryphe, elle prouve au moins que la froide imagination de Laharpe s'étoit élevée par l'étude des livres saints à un genre de conception dont il n'y a point d'autre exemple dans ses ouvrages. Je suis disposé à croire que Cazotte en a donné lui-même l'idée, quand les premiers développements de la révolution eurent rendu ce calcul de prévision plus facile et plus vraisemblable. Je me souviens d'avoir vu M. Cazotte, autant qu'on peut se souvenir de l'âge de huit à neuf ans. Il étoit l'ami de mon père, et les sujets familiers

13

de sa conversation étoient fort propres à fixer les souvenirs des enfans. Le plus aimable des conteurs comme le plus beau des vieillards, il se complaisoit en causeries vives et saisissantes qui auroient fait oublier le sommeil aux naturels les plus lourds et les plus paresseux. Son imagination étoit un conte oriental perpétuel dans lequel il s'attribuoit volontiers un rôle, soit qu'il eût réellement pris part aux événements dont il parloit, soit qu'il ne pût s'empêcher de s'identifier en racontant avec un de ses personnages. Je n'ai conservé aucune idée de ce qu'on appeloit ses visions, parce que je les confondois probablement avec ses histoires, mais j'en ai ouï souvent parler à mon père. — M. Cazotte eut, par une exception qui devenoit rare, tous les honneurs de la mort politique. L'accusateur public lui avoit dit : « Pourquoi faut-il que j'aie
» à vous trouver coupable après soixante-
» douze ans de vertus ! Il ne suffit pas
» d'avoir été bon fils, bon époux, bon
» père; il faut encore être bon citoyen !.. »
— L'allocution du président est le plus

glorieux hommage qu'ait reçu l'innocence en montant à l'échafaud : « Envi-
» sage la mort sans crainte, lui dit-il ;
» songe qu'elle n'a pas le droit de t'éton-
» ner ! ce n'est pas un pareil moment qui
» peut effrayer un homme tel que toi. »
— Sa fille l'avoit défendu des assassins
de septembre. Elle ne put rien contre
ses juges. — Et la peine de mort en politique n'est pas le plus grand des forfaits!
Pauvre Cazotte !

XXIX.

Un mob *turbulent et convulsionnaire pour* Thomas Payne. *Mob* est un mot anglois qui signifie « populace », dans un sens plus spécialement politique, dont nous n'avons pas encore l'équivalent, la *mobilium turba quiritium* d'Horace. Le chevalier Croft pensoit que *mob* primitif pouvoit être radical dans *mobilis*. Ce rapprochement est au moins fort ingénieux.

Thomas Payne de Thetford, comté de Norfolck, fabricant de corsets, homme de lettres, député à la Convention nationale par quatre départements, âgé de 56 ans au moment de l'action, mort seize ans après en Amérique; Thomas Payne, que j'ai vu rarement, m'a laissé le souvenir d'un homme de bien, hasardeux en doctrine, réservé en pratique; sujet à se livrer au mouvement des révolutions, incapable d'en accepter les dangereuses conséquences; bon par nature, et sophiste par conviction. Il est fort imparfaitement apprécié dans les biographies.

XXX.

Arcis-sur-Aube. Nom du lieu natal et de la maison de campagne de Danton.

XXXI.

Avec son zèle accoutumé. Valazé avoit été rapporteur dans le procès du Roi, et Ducos, qui partagea son opinion, devoit lui tenir compte de son ardeur à soutenir l'accusation, avec toute la constance et toute l'âpreté de son inflexible caractère.

XXXII.

Le punch qui remplissoit tous les verres. Cette transition paroîtra un peu brusque dans une discussion qui pouvoit donner lieu à de si riches développements. J'en avois probablement ainsi jugé autrefois, car toutes les autres parties de la composition étoient subordonnées à celle-ci dans mes premiers essais. A force d'y réfléchir, et j'y ai mis le temps, je me suis convaincu que cet épisode entièrement philosophique me faisoit sortir de la spécialité de l'histoire; qu'il étoit de toute invraisemblance qu'il eût occupé beaucoup de moments dans le ***dernier banquet des Girondins***, et qu'il ne pouvoit que jeter une langueur plus ennuyeuse encore que solennelle dans un drame déjà trop prolongé, dont le sujet est connu et le dénouement prévu dès le frontispice du livre. Qu'aurois-je pu faire d'ailleurs autre chose que de copier le *Phédon* de Platon avec celui de Moïse Mendels-sohn, en assujettissant la magnifique simplicité de leurs raisonnements à de certaines combinaisons de style, modifiées selon l'éducation, l'esprit et le naturel des personnages, et sur lesquelles je n'ai peut-être insisté que trop jusqu'ici, parce qu'elles m'offroient le seul moyen imaginable de varier au moins, par la couleur tranchée des discours, le fond monotone d'une scène sans action et sans péripétie. Je crois qu'on tombera volontiers d'accord avec moi si on daigne se rappeler que l'époque où l'action se passe est incontestablement la plus étrangère à toute saine idée de psychologie qui se soit rencontrée jamais dans l'histoire de la société, et que je n'aurois pu l'animer dans les débats, pour n'être pas invraisemblable et absurde, que de quelques pâles reflets de la philosophie du dix-huitième siècle dont personne aujourd'hui ne veut entendre parler. Cette combinaison, la seule qui approchât du vrai, auroit jeté quelque ridicule sur les interlocuteurs et sur la question elle-même, et il n'y avoit rien de plus contraire à mon dessein.

Un homme de beaucoup d'esprit, bien connu par son aptitude à retenir des anecdotes charmantes et des mots délicieux, qu'on chercheroit vainement ailleurs, raconte que les Girondins dont il a gardé quelque souvenir, finirent par aller aux voix sur la discussion, et que la cause du spiritualisme et de la divinité fut perdue à la majorité d'une voix. Cette historiette est bien triste, mais j'ai le bonheur de n'y pas croire, et dans aucune hypothèse, je ne m'en serois servi. Je me suis donc borné à faire résumer en quelques mots par quatre de mes personnages, Le Hardy, Fonfrede, Brissot et Fauchet, les propositions morales, physiologiques, philosophiques et religieuses qu'il auroit fallu développer. Ce texte est vaste, sans doute, et peut donner matière encore à un beau livre, après Mendels-sohn et Platon, sous la plume d'un spiritualiste éloquent et passionné. A la considérer sous ce dernier point de vue, je ne fais aucune difficulté de convenir que j'y ai renoncé par impuissance.

XXXIII.

Le Las Casas de la Révolution. Cette belle expression n'est pas de moi; elle est de M. Réal dans un des plaidoyers mémorables dont j'ai eu occasion de parler, note XIII.

XXXIV.

Tables d'assassinats, qu'on osoit appeler des jugements. Camille Desmoulins étoit si loin de penser que Ducos et Fonfrede fussent condamnés qu'il sortit de l'audience en versant des torrents de larmes. — Hélas! s'écrioit-il, c'est moi qui les ai perdus en publiant mon *Brissot dévoilé!* Ducos, mon pauvre Ducos! — Ce mélange de frénésie, de tendresse et de vanité donne jusqu'à un certain point la mesure des hommes de cette époque. Celui-ci n'étoit pas méchant, et sa mort a peut-être absous sa vie. Camille Desmoulins, qui avoit sonné le glas funèbre des républicains de la Gironde, les suivit d'assez près à la mort comme chef de la conspiration des INDULGENS! c'est ainsi qu'on les appeloit! Terrible histoire que celle d'un peuple où les accusateurs des GIRONDINS, où les persécuteurs proscrits pour INDULGENCE emportèrent à leur tour les regrets des gens de bien! Que dis-je! si nous savions à fond le secret du 9 thermidor, nous y verrions Robespierre lui-même poursuivi comme continuateur du système de Camille qu'il avoit sacrifié. Les assemblées politiques font des coups d'état contre une influence qui tend à s'agrandir, contre un pouvoir qui s'affermit. Elles n'en font point contre la terreur. Toutes les fois qu'un gouvernement tombe, on peut établir en principe infaillible qu'il a été modéré dans son système, ou ridiculement maladroit dans la manière d'en changer. Je ne m'en rappelle point d'exemple, mais il y en a.

XXXV.

LAIGNELOT. Je ne me crois pas obligé dans ces notes, qui ne sont pas écrites, comme cela se pratique ordinairement, pour grossir le volume, à m'étendre en longues explications sur Fabre d'Églantine et Chénier. Leurs noms sont trop connus de tous les lecteurs pour avoir besoin d'être rehaussés par le luxe surabondant de la biographie et de la critique. Il n'en est pas tout-à-fait de même de Joseph-François Laignelot, député de Seine-et-Oise à la Convention nationale, qui vient de mourir fort obscur à l'âge de 80 ans. Jeune encore, Laignelot s'étoit annoncé au monde littéraire par une tragédie intitulée *Agis*, représentée en 1779, et dont le sujet présente un rapprochement singulièrement remarquable avec la destinée fort imprévue alors d'un tribun qui devoit prendre place un jour parmi les juges suprêmes des rois. Personne n'a pu oublier qu'Agis étoit un roi de Sparte qui fut mis à mort par son peuple. Laignelot a passé fort tranquille à Chaillot les années critiques de la restauration, fidèle au culte de Marat qu'il avoit beaucoup aimé, mais n'épanchant son enthousiasme religieux pour la sanglante idole de la Montagne que dans l'intimité du tête-à-tête le plus familier : au demeurant, homme doux, tranquille, de mœurs simples, de bonne conversation, fort occupé de littérature, et dont il n'auroit jamais été question, ni de son vivant, ni après sa mort, s'il n'avoit fait que des vers.

XXXVI.

PONS *de Verdun*. Robert Pons, natif de Verdun, et député de la Meuse à la Convention, étoit un de ces hommes qui réalisent leur esprit en petite monnoie. Il tournoit le conte, l'épigramme et le couplet avec une rare facilité, qui l'avoit fait surnommer la *Providence de l'Al-*

manach des Muses. Le catalogue de sa bibliothèque annonce un goût éclairé et spirituel quoiqu'un peu bizarre, et il n'est pas douteux qu'il auroit laissé intacte la réputation d'un littérateur aimable, s'il n'avoit pas eu la malheureuse fantaisie de devenir un personnage politique. De plus beaux génies que le sien ont échoué contre cet écueil.

XXXVII.

Mauvais style du Châtelet. Fouquier-Tinville avoit été procureur au Châtelet, et c'est à cela que Ducos fait allusion. Fouquier n'étoit pas d'ailleurs un homme sans littérature, comme on pourroit le croire au méchant langage de sa *défense*. Il avoit débuté dans la carrière poétique par de petits vers fort doucereux, fort innocents, et surtout fort laudatifs à la gloire de Louis XVI et de sa famille. Les petits vers furent probablement mal accueillis ou mal payés, et c'est peut-être le dédain du distributeur des grâces qui a valu à l'humanité un de ses plus exécrables fléaux.

XXXVIII.

J'ai rimé sa dernière Odyssée. On a fort mal dit, comme le remarquoit le vieux Beaulieu dans la *Biographie universelle*, que c'étoit de sa propre arrestation que Ducos vouloit parler en improvisant cette chansonnette, qui ne manque pas d'agrément. Ducos fut arrêté à Paris même, en sortant de la Convention. La chanson resta, et je l'ai souvent ouï chanter dans la rue, quelques années après, par une femme jeune encore qu'on disoit devenue folle d'amour pour le poète, le jour de son exécution. Ce que je sais positivement, c'est que le contraste de ces traits abattus et de cette voix sanglotante avec les vives saillies de Ducos produisoit un effet inexprimable sur mon cœur de jeune homme. J'ai entendu dire que l'infortunée étoit morte à la Salpétrière. J'offre avec plaisir ce sujet de *Nouvelle* à mes amis qui en tireront meilleur parti que moi.

XXXIX.

La plupart se répétèrent en chœur. Tout ceci est exactement historique, et il y avoit en effet assez de mots saillants dans le pot-pourri de Ducos pour expliquer cet accès de folle gaieté, même entre des hommes naturellement sérieux, s'il avoit éclaté en toute autre occasion. Ceux-ci sont riants et naïfs :

Je prenois le long du chemin
Un âne pour un jacobin...

De frayeur perdant la tête
Pendant ce conflit soudain,
On me prit pour une bête,
Et c'est mon plus grand chagrin.
. . . .
Si j'ai l'air d'un pauvre diable,
C'est que je suis député. Etc.

Le jeune compatriote de Ducos dont il est question un peu plus haut est, comme on sait, le fameux Pierre-Jean Garat, qu'un biographe appelle le *Protée musical* et l'*Orphée moderne;* ce qui veut dire que Garat chantoit à merveille, et cela ne dit rien de trop.

XL.

Si des conseils insensés n'avoient prévalu sur les miens. Les hommes politiques de l'assemblée législative étoient loin de vouloir le renversement du trône, parce qu'ils prévoyoient les suites d'un événement si fertile en malheurs, et qui n'avoit point d'avenir possible dans notre civilisation. Gensonné en particulier n'épargna rien pour éclairer la cour sur les dangers de la monarchie; le rédacteur de l'excellent article qui lui est consacré dans la *Biographie des contemporains*, fort instruit à ce qu'il paroît de tous ces détails, raconte que ce député et ses amis entamèrent une dernière négociation avec les Tuileries, par l'intermédiaire d'un peintre nommé Boze, qui étoit chargé de faire le portrait en pied de Louis XVI, et qui pendant les séances voyoit le Roi sans témoins. Boze lui présenta même un mémoire que Gensonné avoit rédigé, et qui ne manquoit par conséquent ni d'éloquence ni de dialectique. La fatalité qui précipitoit à sa ruine une malheureuse dynastie voulut que ces offres salutaires des seuls esprits judicieux et prévoyants qu'il y eût alors aux affaires fussent dédaigneusement repoussées; et ce que l'on auroit peine à croire, c'est que les conseillers de la royauté s'efforçoient de traiter alors avec le parti de Danton! — C'est une chose instructive dans sa bizarrerie que le retour de circonstances analogues dans toutes les révolutions; et cette instruction infaillible n'a cependant jamais profité ni aux peuples ni aux rois. Les *vingt-un* de 1793 auroient été un point d'appui en 1792 pour la couronne de France, comme les *deux cent vingt-un* en 1830. Le ministère à Gensonné, il n'y avoit point de 10 août; le ministère à Casimir Périer, il n'y avoit point de 29 juillet. Tout le monde sait cela, et si la même occasion se présentoit mille fois, il arriveroit mille fois la même chose, parce qu'il n'y a point d'expérience, point de raisonnement qui puisse prévaloir dans une institution surannée contre l'instinct de suicide, contre la nécessité de mort qui l'entraîne à finir. Dans les positions extrêmes, on ne consulte ni l'observation, ni l'histoire, ni le sens commun. On consulte des courtisans qui se font passer pour capables, des intrigants qui se donnent pour hommes d'état, et tout est perdu; il survient bientôt, pour clore cette combinaison de *vingt-un*, quelque terrible catastrophe qui termine tout pour tout remettre en question — le *vingt-un* janvier, par exemple.

XLI.

EMERY, Jacques-André, supérieur géné-

ral de la congrégation de Saint-Sulpice, âgé de 61 ans à l'époque de l'action, mort presque octogénaire en 1811, dans les fonctions de grand-vicaire de l'archevêque de Paris. J'ai eu le bonheur de lui entendre raconter, quelques années auparavant, avec une éloquence naïve et cependant pittoresque et colorée, une partie de ces détails qui ont beaucoup pâli sous ma plume; et c'est de sa bouche que j'ai recueilli le nom de l'abbé Lothringer, sur lequel il m'a été impossible de me procurer d'autres renseignements. Fouquier-Tinville avoit laissé vivre l'abbé Emery par une raison qui peint mieux ce respectable prêtre que les éloges les plus pompeux : « La douceur et la rési-
» gnation de ce vieux calottin, disoit-il,
» nous valent mieux que vingt guiche-
» tiers. Elles empêchent les autres prison-
» niers de crier. »

XLII.

On l'écoutoit peu... et on ne le comprenoit pas. Carra avoit en effet annoncé à ses amis un livre intitulé : *La résurrection et l'immortalité de l'être en son identité, prouvées par le matérialisme.* Je tiens cette particularité du fameux docteur Saiffert, dont on est étonné de ne pas trouver le nom dans la *Biographie des contemporains.* Saiffert, qui n'est mort qu'en 1809, et avec lequel j'ai eu les rapports que me permettoient mon âge, la bizarrerie de ses systèmes, et l'extrême difficulté qu'il avoit à les développer en notre langue, étoit un véritable illuminé, fort accrédité à la cour de Louis XVI où il s'étoit formé une nombreuse clientèle sous les auspices de M. le duc d'Orléans, dont il avoit été, à l'entendre, le médecin particulier; ce que je n'ai jamais vérifié, à défaut de m'en informer. Il professoit la théorie de Carra, dont il est parlé dans le paragraphe qui correspond à cette note, et il accusoit amèrement

Carra de la lui avoir dérobée : reproche d'autant plus fondé en apparence, que cet infortuné Carra est bien connu pour un des plus déterminés plagiaires de son temps. Saiffert s'occupoit au reste beaucoup moins de sa double profession de médecin et de philosophe, que de rêveries maçoniques; et je lui ai entendu dire qu'il n'étoit venu en France que pour y conférer à vingt-huit adeptes le vingt-huitième grade de l'ancien écossisme d'où il prétendoit fièrement qu'avoit surgi la révolution. J'aurois bien de la peine à le croire. Ce grade étoit celui du chevalier *Kadasch*, que nous écrivons et prononçons *Cadoche*, quand il est encore question de le prononcer ou de l'écrire. *Kadasch* est, dit-on, un mot hébreu qui signifie *sacré*. Quant à *cadoche*, il ne signifie rien du tout; et, sauf quelques mystères qui ont peut-être échappé à ma pénétration, le but et le résultat de cette institution ne sont pas moins insignifiants que son étymologie.

XLIII.

(*Vergniaud*)..... *affectoit la prétention de n'avoir jamais écrit une seule lettre.* Il l'avoit dit à la Convention nationale. Le reproche qui avoit exigé cette réponse fut renouvelé au tribunal, et Vergniaud se défendit peu ou se défendit mal de sa correspondance avec ses amis de Bordeaux; mais quelle induction peut-on tirer du procès-verbal des séances du tribunal révolutionnaire, comme on les lit dans le *Moniteur?* La presse étoit déjà enchaînée, et la publicité des débats enfermée entre les sbires et les complices de la Montagne. Dans la main des tyrans, les garanties de la liberté deviennent des instruments de tyrannie, et c'est ainsi que se font, dans tous les temps, les révolutions de tous les peuples. On doit à quelques résipiscences tardives l'aveu de la supériorité des Girondins dans cette dernière lutte. On en jugeroit fort mal par les journaux.

XLIV.

(*Il grava*) *le nom d'Adéle et le sien..., dans la boîte de sa montre.* Mademoiselle Adèle Sauvan n'étoit qu'une aimable petite fille quand Vergniaud mourut. Peut-être lui étoit-elle destinée en mariage; peut-être, comme d'autres hommes tendres et graves que l'amour de l'indépendance a voués au célibat, Vergniaud aimoit-il à se dédommager de cette privation volontaire, dans une douce amitié d'enfant. Ce qu'il y a de certain, c'est que l'affection qu'elle lui inspiroit paroît avoir été la plus vive qu'on lui ait connue. Quiconque a eu le bonheur de voir depuis mademoiselle Adèle Sauvan sous le nom de madame Legouvé qu'elle portoit en 1810, époque de sa mort, sait par combien de précieuses qualités d'esprit et de cœur elle justifioit un sentiment si glorieux pour son adolescence. La montre de Vergniaud fut en effet remise avec fidélité entre les mains d'Adèle, et elle se souvenoit d'y avoir trouvé la simple inscription que je rapporte, griffonnée assez peu lisiblement, mais dont il subsiste encore quelques traces. Toutefois, dans la crainte qu'elle ne disparût entièrement un jour, elle se hâta de la faire reproduire avec plus de soin par un graveur, à la place même qu'elle occupoit, quand la réhabilitation légale des Girondins permit à l'amitié de les avouer sans danger de mort. J'ai déjà dit, note IV, que l'ouvrier, préoccupé par la nouvelle forme du calendrier, s'y est trompé sur la date de l'exécution. Il seroit cependant possible que l'erreur fût de Vergniaud lui-même, qui auroit oublié en écrivant que le mois d'octobre avoit trente-et-un jours, et cette distraction est parfaitement vraisemblable ; elle ajouteroit un trait piquant de caractère au griffonnage autographe, si nous avions eu le bonheur de le conserver sous le brunissoir de l'orfèvre.

La montre de Vergniaud, qui est, à mes yeux, une intéressante relique du plus beau talent de la Révolution, mérite d'être décrite pour les amateurs de ce genre de curiosités. Elle est renfermée dans une boîte d'or très-légère de 18 à 19 lignes de diamètre. Le fond est occupé par un verre coloré ou par une plaque émaillée d'azur qui figure une espèce d'étoile à rayons nombreux. Le cadran, qui est numéroté en chiffres arabes, porte le nom de l'horloger *Cronier*, et le lieu de fabrication a Paris. Son émail est fort écaillé à l'endroit où se met la clé. L'aiguille est arrêtée sur trois heures moins trois minutes, ce qui marqueroit assez la durée de son mouvement, si Vergniaud ne l'a pas remontée depuis l'heure où il se leva pour aller au tribunal; et on pense bien qu'elle n'a pas servi depuis. Elle est contenue dans un double cercle en cuivre, propre à être garni de deux verres et qui en a conservé un.

Bien des lecteurs trouveront que la valeur intrinsèque de ce bijou ne le rendoit pas digne d'une description si détaillée; mais je n'en ai pas de plus précieux, car il est à moi par le bénéfice de l'amitié; et je ne le donnerois certainement pas pour l'horloge magnifique dont Haroun-al-Raschid fit présent à Charlemagne. Madame Legouvé, qui le tenoit de la main de Vergniaud mourant, le laissa par son testament à mon ami Jouy, qu'il suffit de nommer pour rappeler aux amateurs du bon esprit et du bon goût un des écrivains les plus ingénieux, les plus aimables et les plus universels de notre époque. Jouy me l'avoit laissé dans le sien; mais je n'ai pas besoin de dire que je le possède par avancement d'hoirie, et qu'il me seroit bien triste à voir si je ne le devois qu'au funeste privilége de la survivance. Voilà pourquoi j'ai beaucoup parlé de la montre de Vergniaud, et pourquoi, peut-être, j'ai achevé d'écrire les GIRONDINS.

XLV.

La République descendit avec Brissot, etc. Il n'y a pas de doute sur le premier des GIRONDINS livrés à la mort; c'étoit certainement Sillery; la plupart des témoins que j'ai consultés s'accordent à croire que Fauchet fut le second, le reste devient très-vague, et ce n'est qu'au dernier qu'on retrouve quelques notions vraisemblables; encore ne sont-elles pas unanimes. J'ai suivi celles qui offrent le plus de probabilité, le cérémonial de l'assassinat judiciaire assignant ordinairement la dernière place dans l'exécution au plus coupable des condamnés, et ce rang revenant de droit à Brissot que l'acte d'accusation présentoit comme le chef de la prétendue conspiration des fédéralistes. Cependant plusieurs contemporains croient se rappeler que ce massacre finit à Viger, qui n'avoit rien à faire avec le fédéralisme, et qui, ainsi que je l'ai dit ailleurs, avoit à peine paru à la Convention nationale. Cette particularité n'est pas au reste de grande importance pour l'histoire qui n'aura déjà que trop de peine à compter nos morts, pour se soucier de l'ordre dans lequel ils ont été frappés.

RECHERCHES

SUR

L'ÉLOQUENCE RÉVOLUTIONNAIRE.

AVERTISSEMENT NÉCESSAIRE.

—

Les pièces suivantes ont déjà paru dans les *Souvenirs de la Révolution et de l'Empire*, dont la première édition est depuis assez long-temps épuisée. Cet ouvrage reprenant sa place dans la collection que l'éditeur appelle mes *OEuvres*, et dont il formera le huitième volume, j'en ai détaché tout ce qui avoit un rapport immédiat avec l'art de la parole au temps des GIRONDINS, et on en concevra facilement la raison: c'est que ces recherches n'étoient effectivement que des études pour un livre que je concevois en le commençant sous un aspect beaucoup plus riche en développements. J'ai déjà dit, mais je ne répéterai jamais assez, que mon impuissance m'avoit détrompé de cette longue illusion.

L'analogie de ce travail avec celui que j'avois entrepris est si intime qu'il m'auroit été bien difficile de m'y soustraire à quelques redites, même quand je les aurois entrepris successivement, au lieu d'y procéder d'une manière toute simultanée, essayant l'un pour faire l'autre. Mes *Recherches sur l'éloquence révolutionnaire* ne sont donc qu'une glose de ce drame imparfait que j'ai intitulé : *Le dernier banquet des Girondins*. Elles présenteront quelquefois des traits dont j'ai dû faire usage dans le système bon ou mauvais de ma composition, mais sous une forme plus historique et plus vraie que celle du *centon* à laquelle m'assujétissoit l'exiguité de mon cadre. J'espère qu'on me pardonnera volontiers ces cinq ou six lignes de redondance explicative, si elles expliquent réellement quelque chose. Il est bien entendu que je suppose qu'on lira, et que je dis ceci pour ceux qui lisent. Les autres se seroient passé de cette consciencieuse réticence, et j'avoue de tout mon cœur que les autres ont raison.

Je ne finirai pas sans rappeler que les pages suivantes ont été écrites sous la Restauration, époque où il étoit plus inconvenant que dangereux de réhabiliter de certaines réputations. Je ne les écrirois certainement pas aujourd'hui, de peur de les laisser prendre pour une concession à des idées qui deviennent une puissance, et que j'ai servies plus que je ne voulois quand elles n'étoient qu'un souvenir. Comme il n'y a rien d'absolument vrai en politique et ailleurs, toutes les causes sont bonnes quand on les embrasse avec candeur et foi, mais les âmes de ma trempe sont bien ridicules : elles ne sympathisent qu'avec les causes perdues.

ÉLOQUENCE RÉVOLUTIONNAIRE.

I.

LA GIRONDE.

Buffon a dit : *Le style est l'homme tout entier;* proposition vraie en essence, mais contestable en forme, parce que son énonciation elliptique et abstraite a l'apparence d'un paradoxe.

M. de Bonald a consacré la même idée dans

un autre aphorisme, qu'on a souvent répété et qu'on répétera toujours, tant qu'il y aura une société et une littérature, parce que jamais une vérité essentielle n'a été revêtue d'une formule plus diaphane : *La littérature est l'expression de la société.*

Comme ce principe s'applique à toutes les époques, on pourroit y rattacher toutes les histoires. Il n'est question ici que de la révolution.

« Si la révolution est un état exceptionnel dans les formes de la société, la littérature qui s'est développée avec elle sera un état exceptionnel dans les formes de l'esprit humain. » Emportée par le torrent qui l'apporta, elle ne laissera point de vestiges. C'est l'opinion générale, et le nom seul de la littérature révolutionnaire paroît impliquer un horrible contre-sens aux yeux des entrepreneurs brévetés de la critique; mais, de cette prétendue exception, il est sorti une forme nouvelle de société, et par conséquent, si je ne me trompe, une forme nouvelle de littérature.

Le christianisme lui-même fut long-temps un état exceptionnel dans la société païenne; l'éloquence des Augustin, des Basile et des

Athanase fut long-temps un langage exceptionnel, méconnu des sophistes hellènes et des rhéteurs latins, dont l'art consistoit à envelopper une pensée ambiguë dans les replis d'un gryphe oratoire : mais le nom de ces classiques dégénérés, qui attestoient sans doute aussi les exemples de Cicéron et les règles de Quintilien, n'est point parvenu jusqu'à nous, et la voix de Jean, de Luc et de Paul a retenti à travers seize siècles dans la chaire de Bossuet.

La révolution est donc le commencement d'une double ère littéraire et sociale qu'il faut absolument reconnoître, en dépit de toutes les préventions de parti. On s'imagine ordinairement qu'elle ne peut rappeler que du sang, et qu'on a tout dit quand on a épuisé la liste de ses excès et de ses proscriptions. C'est l'erreur de l'irréflexion ou l'exagération de l'antipathie. Le pathétique, le grand, le sublime s'y rencontrent souvent à côté de l'horrible, comme on a vu les dieux assis à ce festin de Tantale, où l'on servit de la chair humaine.

Toutes les époques signalées de l'histoire sont remarquables par ce fait singulier, que des hommes investis d'une espèce de destination providentielle leur ont servi de précurseurs. Ainsi des génies audacieux avoient élaboré, pour ainsi dire, à leur insu, vers la fin du xviiie siècle, les matériaux d'une révolution prête à éclore dans la politique; ainsi d'admirables écrivains composoient, peut-être sans le savoir, une langue énergique et naïve pour une révolution près d'éclore dans la littérature. Diderot est, suivant moi, l'Isocrate qui a présidé aux exercices de notre tribune ; Beaumarchais est le maître de la nouvelle école de ces publicistes quotidiens qui arment de traits acérés, tantôt la saine logique des intérêts nationaux, tantôt les subtiles arguties des factions, auxiliaires légers et à peine connus du gros des combattans, mais dont l'intervention habile et opiniâtre ne contribue pas foiblement aux succès les plus décisifs.

Diderot et Beaumarchais étoient cependant des écrivains tout-à-fait isolés qui ne sortoient d'aucune école littéraire, qui ne ressembloient qu'à eux seuls, mais dont l'originalité avoit, dans le premier, quelque chose de solennel comme la rumeur d'un orage près d'éclater; dans le second, quelque chose de cynique et de dérisoire comme l'inspiration d'un démon malicieux qui s'égaie aux angoisses d'un monde expirant. Toute la révolution étoit là, et cependant la révolution n'étoit pas encore, si ce n'est dans le style. Beaumarchais et Diderot n'appartenoient pas plus à l'Académie que Jean-Jacques Rousseau, le législateur, mal compris de cette régénération vaine et confuse; et si les révélations hardies du philosophe n'avoient rien appris au cabinet des rois, la commission perpétuelle du Dictionnaire ne croyoit pas avoir gagné un mot aux brûlantes compositions de l'enthousiaste, et aux saillies éblouissantes du bouffon. La députation de l'Académie aux tribunes politiques est assez curieuse. Elle se composoit, je crois, de Bailly, dont le talent élevé n'avoit rien de populaire, et qui n'obtint, en effet, dans son trop court passage aux affaires, que la popularité de la vertu; de Target, académicien enté sur un avocat, qui ne se fit pas même distinguer au second rang des avocats, après le jeune Barnave; et de Condorcet, dont l'inintelligible métaphysique auroit versé quelque ridicule sur sa vie, s'il ne s'étoit dérobé à tous les souvenirs antérieurs par l'intérêt qui s'attache à sa mort. C'est qu'une académie étoit un corps essentiellement en dehors du mouvement du langage et du mouvement du pays, une institution que l'on auroit cru fondée par une habile prévision de Richelieu pour *immobiliser* l'esprit humain, pour pétrifier la parole, et qui représentoit notre état littéraire précisément comme la cour représentoit notre état social. On sait que les académies ont beaucoup profité depuis ce temps-là.

J'ai souvent entendu dire que l'Assemblée constituante avoit été la plus éloquente de nos assemblées politiques, et je le croirois volontiers dans un sens relatif. A l'époque de la révolution personne n'étoit gâté par l'éloquence; la discussion des intérêts de tous étoit chose nouvelle pour chacun; et le port assuré, l'attitude imposante, la féconde verbosité d'un député qui parloit d'abondance, comme s'il en avoit toujours fait son état, devoient remplir l'auditoire de cet étonnement de nouveautés que tous les peuples confondent avec l'admiration. Ce sentiment se seroit épuisé promptement, s'il n'avoit été ravivé par des chances plus dramatiques, et dans lesquelles les intérêts personnels fussent un peu plus impliqués. La polémique des premières assemblées nationales étoit tumultueuse, mais non mortelle. A la Convention chaque orateur apportoit sa tête pour pleiger son opinion, comme dans cette république de Charondas où l'on ne pouvoit demander une modification de la loi qu'en montant à la tribune la corde au cou. Une séance de la Convention étoit une bataille ou une tragédie.

Vergniaud s'est trouvé rarement sur le terrain de la polémique. Insouciant par caractère, et peut-être par sagesse, il aima mieux faire le sacrifice de sa vie que de la disputer. S'il répond à une agression, c'est quand l'attaque lui est immédiatement personnelle, et il étoit rare qu'on osât s'attaquer immédiatement à Vergniaud. Alors il se renferme dans les faits essentiels de sa défense, et il les développe sans ornements, parce qu'il croit le plus naturel des artifices indigne d'une bonne cause. Au mois d'avril 1793, Robespierre l'accuse de modération, et la modération est un grief qui emporte la peine de mort. La réplique de Vergniaud est terre-à-terre comme celle qu'il auroit faite au barreau de Bordeaux dans quelque discussion sur un mur mitoyen. A peine son imagination l'emporte dans cet admirable mouvement :

« — Je sais, Robespierre, que la liberté est
» toujours active comme la flamme; qu'elle
» est inconciliable avec ce calme parfait qui ne
» convient qu'à des esclaves. Si on s'étoit
» borné à nourrir le feu sacré qui brûle dans
» mon cœur aussi ardemment que dans vos
» âmes impétueuses, de cruels dissentiments
» n'auroient pas éclaté dans cette assemblée.
» Je sais bien que dans nos tempêtes révolu-
» tionnaires, comme dans celles de l'Océan,
» le peuple est difficile à calmer comme les
» flots battus par les orages. Mais le minis-
» tère du législateur est de prévenir ces dé-
» sastres par de sages conseils, et non de les
» entretenir par des manœuvres imprudentes.
» Si pour être patriote, Robespierre, il fal-
» loit se déclarer le protecteur du meurtre et
» du brigandage, vous pouvez prendre acte
» de ma déclaration : je ne suis pas patriote,
» je suis modéré. »

Ce discours, d'ailleurs peu remarquable, trahit l'abattement de Vergniaud, mûr avant le temps pour la mort, à force d'apathie et de paresse. C'est ce jour-là qu'il eut la gloire d'arracher à la Montagne le seul rire qui ait déridé son front sourcilleux. Robespierre avoit dénoncé la correspondance de Vergniaud.

« Ma réponse est facile, dit Vergniaud; je
» n'ai jamais écrit une lettre. »

J'ai cité à dessein ce passage, parce qu'il nous met à demi dans la confidence du talent de Vergniaud. Nourri d'excellentes lectures classiques, il en avoit approprié le souvenir, avec toute la puissance de sa magnifique imagination, aux moindres questions de la tribune. Ainsi cette comparaison d'un peuple tourmenté par les révolutions à une mer que soulèvent les tempêtes, et d'un sage législateur à un bon pilote, est probablement plus vieille qu'Homère. Je ne sais comment, si naturellement appliquée dans une question de personnes, elle a pour moi un charme étrange de nouveauté. Voilà ce que Vergniaud affectoit pardessus toutes choses : les comparaisons tirées des scènes naturelles qui s'adressent à tout le monde, et les allusions aux souvenirs consacrés de la mythologie et de l'histoire, qu'un riche mémoire lui fournissoit avec une intarissable abondance. Joignez à cela quelques figures suspensives du discours qui tiennent l'esprit des auditeurs en haleine; le doute, la réticence, l'interrogation; et vous aurez à peu près la mesure d'un des plus grands orateurs des temps modernes. Mais, il faut l'avouer, cette mesure est circonscrite, si on la compare à la vaste carrière qui étoit alors ouverte à l'orateur; et si on osoit essayer d'imiter le langage de Vergniaud, on diroit que Popilius a enfermé sa tribune aux harangues dans un cercle de sa baguette.

Que Vergniaud s'écrie :

« La révolution est comme Saturne; elle » dévorera tous ses enfants. »

Qu'il dise, en appuyant sa main sur l'épaule de son ami, le médecin Le Hardy, condamné avec lui à la mort :

« Docteur, vous pouvez consacrer vingt » coqs à Esculape; tous vos malades sont gué- » ris. »

Qu'il se livre presque endormi à la planche

de la guillotine, en recommandant au bourreau, qui ne le comprenoit pas, de porter le reste de la coupe au beau Critias, cette forme le caractérise; elle est le sceau de son génie; elle rappelle Montesquieu, qu'il avoit beaucoup étudié, et deux écrivains trop méconnus aujourd'hui, dont Vergniaud faisoit, après Montesquieu, sa lecture la plus accoutumée, quand Vergniaud daignoit lire; le philosophe Delisle de Salles, dont la pompe un peu artificielle n'exclut, dans ses bons écrits, ni une vraie majesté ni une solide éloquence; et le philantrope Dupaty, prosateur éblouissant, auquel on n'a jamais reproché que d'heureux excès de l'imagination et de l'esprit. C'est du père que je parle. On pourroit aisément s'y tromper.

Si l'on pousse plus loin l'examen du style de Vergniaud, on y trouvera une grande et spirituelle intelligence de cette dialectique romaine, perfectionnée par Cicéron, exagérée par Sénèque, et dont l'effet résulte d'un cliquetis brillant de figures abruptes et serrées, qui se précipitent brusquement les unes sur les autres avec une autorité toujours croissante, parce que la conséquence d'une proposition est si intimement liée à sa forme, qu'elle ne laisse jamais un moment à la réponse. Les discours de Vergniaud en sont hérissés; mais il en diversifie admirablement la physionomie, en faisant passer cette figure hardie à travers toutes les modifications qu'elle peut subir, depuis l'affirmation qui doute jusqu'à la négation qui affirme. Quelquefois il se saisit même du texte d'une accusation capitale pour y enchaîner pièce à pièce les parties essentielles de sa défense. Ainsi, dans le discours que j'ai cité, il se joue du grief essentiel de la dénonciation de Robespierre, en le reproduisant de phrase en phrase, et de phrase en phrase affoibli par le tour caustique d'une méprisante ironie.

« Nous, les complices de Dumouriez! » dit Vergniaud.

Et de cette idée, qui est celle de l'attaque, découlent inépuisables toutes les preuves de l'éloignement qui existoit ou qui devoit exister entre le parti de Dumouriez et les Girondins.

Vergniaud se croit-il obligé à prouver devant le tribunal révolutionnaire qu'il a rempli tous les devoirs que la république pouvoit attendre du plus dévoué de ses enfans? il convertit sa plaidoirie en apologie historique, sans renoncer à cette forme contradictoire qui avoit donné jusqu'alors tant d'éclat à ses discours. Il ne répond plus à ses juges, il les interroge.

« Que falloit-il faire, dit-il, pour assurer
» le triomphe de la république? Je l'ai fait. »

Et dans ce cadre, rempli, pendant une heure, de magnifiques développements, placés entre cette question toujours la même, et cette solution qui ne change pas, il renferme tout le récit d'une vie politique qui ne devoit attendre que des couronnes. On croiroit qu'il ne lui restoit plus qu'à prendre pour péroraison la dédaigneuse défense de Scipion, injustement accusé comme lui, et que le peuple, et les juges, et les bourreaux vont le suivre au Capitole!

« Que faut-il faire encore, ajoute-t il, pour
» consolider la république par l'exemple des
» plus énergiques de ses enfants? Mourir? Je
» le ferai. »

Ici l'éloquence est portée à son plus haut degré, parce que, suivant l'expression du grand maître de l'éloquence, elle est non-seulement dans la parole, mais dans la vie de l'homme qui parle; et si cela n'est pas sublime, la notion du sublime ne m'arrivera jamais.

J'ai dit que Vergniaud avoit donné beaucoup de place dans le système d'ailleurs peu calculé de ses compositions, aux images naturelles, aux peintures de la campagne, aux émotions innocentes de la vie; et il a cela de commun avec tous les beaux génies qui sont arrivés à l'époque de la décadence des peuples ou de leur renouvellement. Leur caractère dominant est une mélancolie douce et timide, qui n'aspire qu'à la solitude rêveuse du désert, ou au sommeil tranquille du tombeau. Ce trait suffiroit pour marquer son impuissance à se mettre à la tête des affaires d'un grand pays, métier d'ambition, d'égoïsme, et presque de cruauté, qui force irrésistiblement le cœur le plus noble à l'oubli de ses jeunes sentiments et de ses affections familières, et qui a réduit peut-être tel homme de cœur et de talent à devenir je ne sais quoi, un grand seigneur.

Vergniaud est admirable, je le répète, dans l'expression de ces allégories gracieuses, dont le charme et l'harmonie s'embellissoient encore de l'implacable austérité des discussions ordinaires. C'est comme un hymne d'Apollon, apporté de la Grèce par Iphigénie, et chanté inutilement aux fêtes sanglantes de Tauride. Veut-il peindre la liberté et l'égalité? C'est « sous la figure de deux sœurs qui s'embras- » sent, et non de deux tigres qui se dévorent. » S'il implore le jour de l'émancipation des peuples, il craint de le voir apparoître « dans les » nuages ténébreux de la tempête. » Il le demande « à l'orient d'un soleil sans nuages. » C'est la voix d'un ange fidèle de Milton, égaré parmi les démons, et dont la harpe résonne au milieu des hurlements du *pandœmonium*. C'est l'Abbadonna de Klopstock, quand il eut pénétré avec horreur les mystères de Satan.

Après cela, le caractère connu de Vergniaud, et jusqu'à sa fidélité trop scrupuleuse à ces études poétiques des colléges qui ont encore aujourd'hui quelque grâce, mais qui déjà n'étoient plus françoises, font assez deviner qu'il ne fut jamais ce qu'il pouvoit être. La muse de la tribune révolutionnaire, c'étoit la véhémence, c'étoit la fureur; et Vergniaud, incapable d'arriver à la fureur, n'a presque jamais été véhément. On trouve une sorte d'abattement jusque dans son enthousiasme. Si la nature lui avoit donné la fougue de Mirabeau, il auroit dompté aisément la Montagne; mais, pour en revenir à ses figures favorites, auxquelles une nouvelle lecture m'a accoutumé, il n'avoit pas la foudre de Jupiter, et il combattoit les Titans. C'étoit bien plus d'ailleurs qu'Ossa sur Pélion, c'étoit Vésuve sur Etna; et on ne ferme pas la bouche des volcans en y jetant des fleurs. Son génie avoit trop de culture pour un peuple qui venoit de se faire agreste et sauvage, trop d'éclat pour des jours d'orage et de ténèbres. Vergniaud manque d'ailleurs des passions du temps, et pour être d'un temps, pour exprimer une époque aux yeux de la postérité, il faut avoir ses passions et même ses excès. Il met la main sur un crime pour le réprimer; il ne le saisit pas, et il se laisse prendre. C'est une créature de volupté, de dédain et d'oubli, qui a l'instinct du courage, et qui n'en a pas l'élan. Mettez à la place de sa nonchalante langueur quelque généreuse frénésie, et la *Montagne* tombe ; malheureusement, on peut dire de lui ce que Saint-Just disoit de Danton : *Vergniaud dormoit.*

Si j'ai compris le talent de Vergniaud qui est admirable, mais qui n'est pas assez complétement celui qu'il falloit, il avoit quelque chose de systématique et d'arrangé qui convient merveilleusement aux débats monotones du barreau, ou aux élucubrations méthodiques des sociétés littéraires, mais qui rencontre peu d'accord et de sympathie dans les tumultueuses et discordantes logomachies des partis. Il faudroit arriver là avec une âme jeune, sincère, effervescente et vigoureuse. Vergniaud n'avoit que trente-quatre ans, c'est tout au plus l'âge de la force ; mais il avoit reçu une éducation sévèrement classique, et il étoit avocat.

D'après ce que j'ai dit de ce moule oratoire, dans lequel tous les discours de Vergniaud sont jetés, sans en excepter ses improvisations, on comprendra aisément que, de tous les orateurs de la révolution, il n'y en a point dont le *pastiche* soit plus facile, bien qu'il n'y en ait peut-être point de plus parfait. C'est qu'il lui manque simplement d'être tout-à-fait lui ; c'est qu'il lui manque, comme on dit aujourd'hui, cette individualité qui fait valoir toutes les autres qualités de l'orateur et de l'écrivain. C'est Virgile gémissant au tombeau de Marcellus ; c'est Rousseau absorbé dans les rêveries du *promeneur solitaire ;* c'est Bernardin sous les bambous des pamplemousses. Ce n'est pas ce Vergniaud intime et personnel que l'on voudroit trouver, l'homme après le grand homme. Je sais au moins que Ducos et Boyer étoient frères d'alliance ; que le dernier étoit riche et bienfaisant ; que Brissot étoit pauvre, et qu'à travers tant de chances de séduction et tant d'occasions de rapines, il avoit conservé ses mains pures de la flétrissure la plus honteuse qu'une révolution puisse imprimer sur des mains généreuses, celle de l'or. La vie des grands hommes est dans leur parole, et la parole de Vergniaud n'est qu'une mélopée sonore et merveilleuse, dont on éprouve l'enchantement, sans se rendre compte du mystère qui le produit. On jugera de la vérité de cette impression à la lecture de la plupart de ses discours [1].

Cette députation de la *Gironde*, qui a donné son nom à un parti et presque à une France, appuyoit Vergniaud de talents énergiques et brillants dont l'ensemble ne se reproduira jamais. C'étoit Guadet, avec son scepticisme frondeur et ses altercations grondeuses; c'étoit Gensonné, avec sa discussion insidieuse et son ricanement sournois. Mais la révolution n'avoit que quatre ans, et ces grands orateurs, qui y étoient arrivés hommes faits, apprécioient mal leur position. Quand Louvet renouvelle, dans son admirable accusation contre Robespierre, le *Quousque tandem* de Cicéron, je tressaille d'enthousiasme. Quand je me rappelle qu'il prononce tout cela devant l'armurier Noël Pointe et devant le tis-

---

[1] Ici étoit placé, première édition des *Souvenirs de la Révolution*, un discours *pastiche* que j'ai reporté à sa véritable place dans *le dernier Banquet des Girondins*. Le double emploi dont je m'excusois n'existe donc que relativement à cette première édition, et à ses contrefaçons. Il n'y aura rien de pareil dans la collection intitulée : *OEuvres*.

serand Armonville, qui vont détruire, d'une imprécation obscène ou d'une apostrophe brutale, l'effet de son discours et de son dévouement, je frémis d'étonnement et de douleur. Il ne faut comparer à aucune éloquence l'éloquence révolutionnaire. C'est un langage de contagion dont la rhétorique n'a pas le secret.

La nature avoit refusé ce secret d'une époque d'exception à Vergniaud et à la plupart de ses amis : Fonfrede, lui seul, a développé quelques inspirations pleines de fougue et d'impétuosité dans les séances qui précédèrent le 31 mai. Je suis convaincu qu'il y avoit en lui les éléments d'un grand talent; mais la mort lui apporta la palme du martyre avant qu'il eût achevé de conquérir la couronne de l'orateur. On a écrit depuis, dans les biographies, qu'il avoit été destiné, jeune, à la carrière des missions, la seule qui laissât quelque place, avant la révolution, aux mouvements de l'éloquence passionnée. Si ce fait est vrai, il fournit un argument de plus à la théorie infaillible des influences de l'éducation.

On ne sauroit se dispenser de parler ici de

Brissot, bien qu'il n'ait pas laissé un nom éminent comme orateur. C'étoit un homme probe, instruit, disert et plein de bonne foi dans ses convictions, dont une organisation débile et souffrante, et une profonde mélancolie, avoient empreint le langage d'une onction assez touchante, mais qui manquoit de cette puissance énergique de l'âme qui va graver en traits de feu ses impressions dans l'âme des autres. L'homme du même parti qui possédoit au plus haut degré le don de ces inspirations véhémentes qui éclatent comme la foudre en explosions soudaines et terribles, c'étoit Isnard, génie violent, orageux, incompressible, qu'exaltoient des passions fortes, et un esprit de religiosité qu'on croiroit presque incompatible avec elles. Maximin Isnard, parfumeur à Draguignan, où je crois qu'il existe encore, avoit reçu une éducation conforme à cette organisation extraordinaire. Sa mémoire, riche et ornée, fournissoit abondamment aux élans de sa brusque improvisation. Ce n'étoit cependant pas un de ces discoureurs dont la parole infatigable s'étale avec complaisance dans les colonnes d'un journal.

Son éloquence ne procédoit guère que par phrases, ou pour mieux dire, que par exclamations ; mais ce cri formidable ne manquoit jamais son effet, et il portoit dans l'assemblée, subitement émue, l'admiration ou la terreur. Quand Narbonne prête serment, comme ministre de la guerre, devant la seconde législature, Isnard se lève de sa place, et lui crie :

« Monsieur, la responsabilité, c'est la mort!
» Qu'êtes-vous? dit-il à la Convention natio-
» nale en lui montrant la Montagne, le jouet
» d'un enfant féroce, une machine à décrets
» dans les mains du bourreau!»

Isnard présidoit cette assemblée, quand une foule ivre de rage vient demander quelques têtes pour l'échafaud :

« Si la modestie n'étoit pas aussi une vertu
» républicaine, répond-il, je m'affligerois de
» n'être pas compris dans cette liste glorieuse;
» la Convention nationale vous accorde les
» honneurs de la séance. »

Une voix menaçante s'élève au milieu de ce peuple soudoyé. Isnard reprend avec une fermeté impassible :

« Dites à vos commettans que le jour où

» Paris attentera à la liberté de la Convention
» nationale précèdera d'un jour celui où le
» voyageur cherchera sur quelle rive de la
» Seine cette ville a existé. »

Envoyé en mission à Marseille après le 9 thermidor, il est entouré de la jeunesse tragique des compagnies de Jéhu, qui se plaint de n'avoir point d'armes pour frapper les terroristes :

« Eh bien ! s'écrie-t-il, si vous manquez
» d'armes, déterrez les os de vos parents qu'ils
» ont assassinés ! »

Le plus long de ses discours est son accusation contre Fréron ; c'est là qu'il déploie avec une incroyable ostentation de richesses toute la magnificence des plus belles formes oratoires, mais particulièrement l'énumération, l'apostrophe et la prosopopée. Cette figure d'énumération domine la composition tout entière, et il y enchaîne une de ces répétitions énergiques qui retentissent profondément dans l'âme des auditeurs. Sa proscription terminée, il raconte qu'il est venu dans le pays natal rafraîchir sa vie à la source des plus tendres sentiments, et reconnoître ces délicieuses campagnes de la Provence, peuplées des heureuses émotions de son enfance ; il les rappelle, il les décrit complaisamment, telles qu'il les avoit vues autrefois, et puis tout à coup la scène change ; il n'aperçoit qu'un théâtre sanglant chargé de ruines encore fumantes, et il demande avec effroi quel fléau a porté ses horribles ravages dans la terre favorite de la nature :

« Ces tours superbes qui frappoient d'ad» miration les voyageurs ravis, est-ce la fou» dre qui les a renversées?... »

Et une voix d'une monotonie solennelle, et terrible comme un écho anticipé de l'histoire, lui répond : C'est Fréron. Et avec cette question qui se renouvelle à chaque pas, avec cette solution toujours attendue, et de plus en plus effrayante, il poursuit jusqu'à son terme cette Verrine accablante, à laquelle Fréron eut le courage de survivre par une grâce d'état toute spéciale.

Ce discours extraordinaire n'est cependant pas bon, dans l'acception exacte du terme. Il est gâté par une autre figure dont Isnard faisoit l'abus le plus fatigant, et qui étoit, à vrai dire, le moule naturel des conceptions de cet esprit exalté, sans direction positive, sans principes fixes en aucune matière, sans goût, sans règles et sans mesure, auquel il faut reconnoître les brillantes saillies du génie, mais qu'on ne proposera jamais pour modèle. Cette figure, c'est l'hyperbole, et non l'hyperbole à la manière de Balzac et même du père Lemoine, mais plus digne quelquefois de La Calprenède et de Cyrano. Vous l'entendrez crier à Fréron que si l'échafaud qui lui est destiné pouvoit s'élever sur une base composée des innombrables cadavres de ses victimes, il seroit vu de la France entière. Legendre avoit dit quelque temps auparavant, en parlant des massacres de Nantes :

« Les navigateurs s'affranchissent mainte-
» nant du baptême du tropique, pour ne pas
» se baigner dans le sang de leurs parents. »
On croiroit que Corneille avoit prévu ces exagérations quand il peignoit dans *Pompée*,

Des montagnes de morts privés d'honneurs suprèmes,
Que la nature force à se venger eux-mêmes,
Et dont les troncs pourris exhalent dans les vents
De quoi faire la guerre au reste des vivants.

Il ne faut toutefois pas juger ces images hors de nature, sans se rappeler que tous les objets de comparaison qui pouvoient fixer la pensée se ressentoient alors de cette allure désordonnée de l'imagination et de la parole. L'imprécation se faisoit géante pour prendre les proportions du crime qu'elle accusoit. L'hyperbole de Corneille est outrée, parce que les spectateurs de sa tragédie ne sont pas assez vivement émus d'un souvenir récent de *la Pharsale*, pour se représenter, au neuvième vers de la première scène, les effroyables résultats des guerres civiles ; mais l'auditoire d'Isnard et de Legendre a vu des cadavres accumulés et des rivières sanglantes, et leur hyperbole n'est plus qu'un tableau.

Entre la Plaine que je viens de quitter et la formidable Montagne de la Convention, l'instinct du bien, l'expérience des maux, le besoin du repos qui est naturel aux âmes droites et pures, quelque méticulosité peut-être de mœurs et de caractère, avoient réuni un tiers parti dénué de toute puissance pour bien faire, de toute influence pour empêcher de faire le mal, et qui assistoit aux fêtes sanguinaires de la terreur, indigné et muet, comme Caton aux fêtes impudentes de Flore. C'est là qu'on trouveroit avec ceux dont j'ai parlé, ou qui me restent à nommer, les hommes les plus instruits et les plus spirituels de cette assemblée mémorable. Cependant leurs noms se reproduiront rarement dans une galerie oratoire de la Convention nationale. Ils y apparoissent tout au plus, comme Lanjuinais, Boissy d'Anglas et Vernier, aux jours de danger et d'émotion publique. A part quelques nuances qu'indique l'histoire, et qui n'appartiennent pas à la critique littéraire, on peut rapporter à cette catégorie les Dulaure, les Daunou, les de Bry, les Chénier, les Grégoire, les Villars, les Pons de Verdun, les Viennet, les Wandelaincourt. Plusieurs d'entre eux, et Jean de Bry surtout, dont l'esprit harmonieusement vaste embrasse une multitude d'idées et de connoissances qu'il sait rendre et communiquer avec une élégance facile et ferme, paroissoient appelés aux succès de la tribune. Ils les ont presque évités, et les circonstances étoient si fortes, le fait dominoit de si haut la puissance de la raison appuyée de tous les prestiges du langage, qu'on oseroit à peine dire que leur silence ait été une calamité nationale. Il faut remonter aux extrêmes de l'assemblée, pour y rencontrer ces grandes physionomies tribunitiennes, phénomènes des jours de malheur, qu'on admire comme les météores, et qui ne laissent derrière elles, comme les météores, que des désastres irréparables et des souvenirs de mort.

Il faut avouer que les puissances populaires de la Montagne, qui représentoient beaucoup plus exactement les passions de la majorité (et c'est pour cela qu'elles étoient populaires), étoient par conséquent le signe et la valeur exacte de notre démocratie françoise, l'organe d'une nation qui n'est plus contenue par un pouvoir, et qui n'en veut point reconnoître. Ce qui m'étonne, c'est que ces idées n'aient pas été appréciées alors, et qu'un principe accablant comme celui de la souveraineté du peuple n'ait pas désarmé une opposition composée d'hommes qui l'avoient proclamé les premiers. C'étoit une inconséquence grossière que de se révolter contre ces volontés tumultueuses, qui n'étoient, en dernière analyse, que l'expression de l'omnipotence des peuples, une fois qu'on l'avoit instituée; et la Gironde étoit véritablement contre-révolutionnaire, suivant les termes de sa propre logique. C'est ce défaut de position qui l'a perdue. Il suffit de se transporter dans un ordre de conséquences déduites des systèmes du temps, pour concevoir que la tribune devoit se taire devant les tribunes, les tribunes devant la commune, et la commune devant toute agrégation d'hommes qui s'appeloit le peuple. On avoit transporté l'aristocratie dans les masses, où elle est effrayante, au lieu de la concentrer, comme dans les monarchies, sur des familles d'élection, où elle n'est que ridicule. C'étoit une combinaison sauvage et monstrueuse; mais elle étoit, et l'homme qui lutte contre une démocratie établie avec la participation de sa volonté doit demander l'échafaud comme Kersaint et Manuel, mais il ne lui est pas permis de discuter. Les Montagnards sont de cruels logiciens, mais les Girondins sont des sophistes. Et c'étoit la Montagne qui occupoit l'avant-garde de cette plèbe séditionnaire, toujours prête à la gagner de vitesse, et qu'elle ne laissoit en arrière qu'à force d'excès. C'étoit de cette tourbe effrénée qu'elle avoit reçu toutes ses conditions d'existence, et on s'étonne qu'elle ait été violente et furieuse! Qu'auroit-on voulu qu'elle fût? C'est un état de force majeure.

En un mot, ces Girondins, qui ont trouvé tant de sympathies dans le parti modéré de la révolution, étoient d'excellents orateurs, mais qui rappeloient mieux le Portique que le Forum, et dont la turbulence démocratique n'avoit jamais besoin d'être tempérée par les cadences harmonieuses du flûteur de Gracchus. A côté d'eux ou au-dessous se trouvoient encore d'habiles praticiens du langage, qui auroient été, dans un ordre de choses naturel, l'honneur de la tribune; mais la pensée du temps n'appartenoit ni aux uns ni aux autres. Elle étoit placée dans une région où l'on ne pénétroit pas sans une sorte de délire, dans un monde qui ne sera jamais social, mais qui étoit le monde que la révolution avoit fait, et ce monde étoit par malheur aussi réel et aussi indispensable qu'un autre.

ÉLOQUENCE RÉVOLUTIONNAIRE.

II.

LA MONTAGNE.

J'ai dit que l'autorité de la parole avoit appartenu à la Montagne, non pas dans ce sens convenu où la parole est l'expression du goût et de l'esprit; mais dans celui où elle représente la pensée dominante et les passions d'une époque; et c'est ainsi qu'on définiroit l'éloquence. Je ne parle certainement ici ni de Marat, qui ne s'énonçoit que par hurlements sauvages, ni de Barrère, aristocrate déguisé en jacobin, dont les études et les inspirations n'avoient rien de révolutionnaire, et qui suppléoit à ce défaut de position oratoire par une flasque abondance de lieux communs élégants, Léthé limpide et froid, au murmure duquel s'endormoient tous les jours, pendant une heure, les tempêtes de l'assemblée; ni même de Robespierre, quoique Robespierre, mal jugé sous le rapport du talent, ait laissé de très-belles pages, et, par extraordinaire, les pages les plus empreintes de spiritualisme et de sensibilité qui soient sorties des presses de la Convention : phénomène qui n'est pas un argument, et qui ne prouvera rien contre l'histoire, quand l'histoire sera éclaircie.

Je parle de quelques tribuns dont le nom n'a jamais été prononcé en rhétorique; de Legendre, si bien comparé au paysan du Danube; de Danton, qui avoit sur Legendre la supériorité de l'étude sur l'instinct et du génie sur l'enthousiasme; et surtout de Saint-Just, qui s'étoit fait, à part de la société tout entière, un langage, un caractère et une république.

Au reste, j'ai besoin de rappeler qu'il n'est ici mention que de la puissance et des prestiges de la parole. Les sirènes faisoient mourir les amants que le charme de leurs concerts attiroit auprès d'elles; mais l'antiquité ne les accuse pas d'avoir mal chanté.

Je n'hésite donc pas à répéter, malgré l'étrangeté de cette proposition, qu'il faut chercher peut-être dans les discours de Robespierre presque tout ce qu'il y avoit de spiritualisme et de sentiments humains dans l'éloquence conventionnelle. En effet, à part quelques touchantes inspirations de Brissot auxquelles j'ai ailleurs rendu justice, et qui respirent une tendre et profonde mélancolie, ce n'est pas à la Gironde qu'il faut demander ce genre d'impressions qui descendent de haut. Essentiellement classique, elle ne se représente l'esprit de la nature que sous des formes matérielles. Son langage est l'expression élégante et forte de la philosophie et de la littérature du xviiie siècle, animées de toutes les ressources d'un beau génie qui réunit quelquefois la véhémence entraînante de Rousseau à la piquante ironie de Montesquieu; mais il n'y a point de Dieu dans sa froide mythologie, et Robespierre accusoit Guadet de n'avoir jamais entendu sans sourire le nom de la Providence. Fauchet imprima bien un caractère religieux et solennel à quelques-uns de ses derniers discours; mais ces discours n'appartiennent plus à la polémique révolutionnaire. Fauchet, frappé d'une illumination soudaine, et rappelé, comme saint Paul, par le Dieu qu'il avoit persécuté, redevient, dans ces jours d'agonie qui précèdent son supplice, un orateur chrétien.

La question seroit étrangement déplacée si je la mettois là. C'est comme si je m'occupois gravement d'établir quel fut le plus sincèrement dévot de don Juan ou de Tartufe, et je doute que la postérité s'avise jamais de s'en informer, quel que soit un jour le vaste loisir dont elle doit goûter les douceurs sous l'empire affermi de l'ordre légal et des libertés constitutionnelles.

Robespierre n'étoit nullement organisé en homme religieux, et son éducation séchement philosophique n'avoit certainement fait de lui qu'un athée; mais les circonstances, en le portant sur un terrain tout-à-fait nouveau, le forcèrent à pénétrer dans les mystères de l'organisation des peuples. Sa popularité, acquise par deux grandes qualités de l'homme d'État, l'austérité des mœurs et le désintéressement le plus éprouvé, lui donnoit le pouvoir presque sans son aveu, et pour assumer sur sa tête toute cette puissance qui régénère les nations, il n'avoit plus besoin que de la faire écrire dans la loi. C'est alors qu'il rêva sans doute aux éléments essentiels des institutions politiques, et qu'en suivant les conséquences d'une ambition qu'il pouvoit croire salutaire avec quelque motif, il arriva jusqu'à un Dieu. Une fois cette pensée acquise, il dut sentir intimement que la civilisation recommençoit, et la France répondit à cette révélation de son cœur par un cri de joie unanime.

Les orgies scandaleuses des athées, le mythisme impur et dégoûtant des fêtes de la Raison, les stupides emblèmes de cette idolâtrie absurde qu'on essayoit de substituer à des traditions au moins respectables par leur ancienneté, toutes les extravagances d'un temps extravagant parmi tous les temps, avoient ouvert à Robespierre les avenues d'un trône. Médiocre peut-être, mais exhaussé par l'opinion et les événements, il comprit les avantages de sa position et de sa fortune, comme Bonaparte dut les comprendre un peu plus tard. Robespierre n'étoit pas parvenu au temps de souscrire un concordat avec le pape; il le fit avec le ciel; il rendit la France à Dieu pour la prendre, et ce charlatanisme solennel, renouvelé de tous les voleurs de couronnes des temps anciens et modernes, n'eut pas moins de succès chez le peuple le plus perfectionné des temps modernes qu'il n'en avoit eu chez les barbares des temps anciens. J'ai entendu souvent ridiculiser la déclaration du peuple françois, *qui reconnoissoit l'Être-Suprême et l'immortalité de l'âme.* J'avoue que, les dogmes admis, le côté bouffon de cette formule m'échappe tout-à-fait, et pour compléter ma pensée, j'ajoute que je la trouve très-convenable et très-belle. Seulement pour l'apprécier il faut prendre la peine de se transporter au temps. *Rien n'étoit plus.* C'est donc ici la pierre angulaire d'une société naissante. C'est le renouvellement d'un monde; c'est le cri de ce monde éclos d'un autre chaos, qui se rend compte de sa création, et qui en fait hommage à son auteur; l'élan de la société entière, le jour où elle a retrouvé les titres oubliés de sa destination éternelle. Quand on juge ces choses-là dans de petites circonstances, avec de petits organes dont les petites impressions se réfléchissent dans de petites âmes, on a peut-être le droit de trouver ridicule ce qui seroit effectivement ridicule dans les temps ordinaires : mais telle n'étoit pas la situation de Robespierre. Au point où il étoit placé, et où il étoit venu sans le savoir, il falloit recommencer, et il recommençoit en homme sensé, par le commencement.

Il y a plus. Rien ne prouve qu'il savoit lui-même pourquoi il faisoit ce qu'il faisoit. Il obéissoit à je ne sais quel instinct qui répond d'une manière inexplicable aux besoins d'une époque, et qui ne manque jamais au jour où il est indispensablement attendu. Il se trouve dans la masse d'individus la plus anti-sociale un esprit de socialité qui s'éveille à la décadence des nations, et qui recueille avec amour les débris de leur civilisation pour la refaire. Ce n'est pas une faveur spéciale de quelque organisation privilégiée, c'est une chance de conservation ou de réédification qui se reproduit éternellement dans l'espèce. Les circonstances font les hommes, et la plupart des hommes ne sont rien que par elles. Retirez la révolution de l'histoire, et Robespierre ne sera très-probablement qu'un avocat de province, tout au plus digne de l'académie d'Arras; Bonaparte, qu'un excellent officier, hargneux, difficile à vivre, et d'assez mauvaise compagnie, qui couve inutilement un génie stérile. Jetez l'un et l'autre avec une impulsion invincible au milieu d'un monde ébranlé jusque dans ses fondements; et ce monde va changer de face.

Tout se ressentit de ce mouvement immense, et la parole de l'homme, qui est le signe essentiel de l'esprit social, s'en ressentit plus que tout le reste. Il y a une éloquence de temps, une éloquence d'événements, de passions et de sympathies, qui ressemble à celle du génie dans ses causes et dans ses effets, parce que son génie, à elle, réside dans la pensée universelle, et qu'elle ne jette pas un son du haut de la tribune qui n'aille exciter un long retentissement et un enthousiasme simultané dans l'âme de la multitude.

Je n'ai pas dissimulé que c'étoit là, tout au plus, l'éloquence de Robespierre, et cependant je conviens que son talent a grandi à mes yeux dans une proportion indéfinissable depuis que je l'ai comparé. La nature n'avoit rien fait pour lui qui semblât le prédestiner aux succès de l'orateur. Qu'on s'imagine un homme assez petit, aux formes grêles, à la physionomie effilée, au front comprimé sur les côtés, comme une bête de proie, à la bouche longue, pâle et serrée, à la voix rauque dans le bas, fausse dans les tons élevés, et qui se convertissoit, dans l'exaltation et la colère, en une espèce de glapissement assez semblable à celui des hyènes : voilà Robespierre. Ajoutez à cela l'attirail d'une coquetterie empesée, prude et boudeuse, et vous l'aurez presque tout entier. Ce qui caractérise l'âme, le regard, c'est en lui je ne sais quel trait pointu qui jaillit d'une prunelle fauve, entre deux paupières convulsivement rétractiles, et qui vous blesse en vous touchant. Vous devinez tout au plus au frémissement nerveux qui parcourt ses membres palpitants, au tic habituel qui tourmente les muscles de sa face, et qui leur prête spontanément l'expression du rire ou de la douleur, au tressaillement de ses doigts qui jouent sur la planche de la tribune comme sur les touches d'une épinette, que toute l'âme de cet homme est intéressée dans le sentiment qu'il veut communiquer, et qu'à force de s'identifier avec la passion qui le domine, il peut devenir, de temps en temps, grand et imposant comme elle. C'est une singulière méprise que d'avoir appelé Bonaparte *la révolution incarnée*. Il n'y a rien de plus dissident dans toutes les combinaisons des événements et de la pensée. Bonaparte étoit tout simplement le despotisme incarné. La révolution incarnée, c'est Robespierre avec son horrible bonne foi, sa naïveté de sang, et sa conscience pure et cruelle.

Les combinaisons de Robespierre, devenu maître de la terreur, n'étoient pas même le calcul d'une ambition spéculative. Il avoit senti que ce système ne pouvoit pas durer, et il croyoit sa main assez forte pour retenir le char de la révolution sur la pente où il descendoit dans l'abîme. Quant à s'en faire à lui un char d'ovation et de triomphe, je doute qu'il y ait pensé avec une grande puissance de résolution, puisqu'il ne profita point de la fête religieuse du 20 prairial pour franchir tout ce qui restoit de barrières entre la dictature et lui.

J'ai le malheur d'être assez vieux pour me rappeler distinctement cette cérémonie, et j'étois, grâce au ciel, assez jeune pour en jouir sans mélange des terribles impressions de cette époque. Je n'y voyois qu'une pieuse solennité, à laquelle je portois toute l'effusion d'un cœur disposé à croire, et que l'idée de Dieu a toujours charmé, même dans ces moments d'amère déception où elle ne l'a pas convaincu. Jamais un jour d'été ne s'étoit levé plus pur sur notre horizon. Je n'ai trouvé que long-temps après, au midi et au levant de l'Europe, cette transparence de firmament à travers laquelle le regard semble pénétrer d'autres cieux. Le peuple y voyoit du miracle, et s'imaginoit qu'il y avoit, dans cette magnificence inaccoutumée du ciel et du soleil, un gage certain de la réconciliation de Dieu avec la France. Les supplices avoient cessé ; l'instrument de la mort avoit disparu sous des tentures et des fleurs. Un bruit d'amnistie se répandoit de tous côtés, et si Robespierre avoit osé confirmer cette espérance, toutes les difficultés s'aplanissoient devant lui. Mais il s'enivra de la joie publique, et trop confiant dans cette faveur mobile, dont aucun homme ne fut investi au même degré, il remit peut-être à d'autres jours un projet dont l'exécution ne paroissoit plus lui offrir aucun obstacle.

Il avoit pourtant fait tous les frais de sa tentative, et la foule comprenoit, sans s'étonner, qu'elle alloit avoir un maître. C'étoit partout un instinct d'ordre qui faisoit sentir à tout le monde le besoin de la sécurité, et sans doute celui d'un pouvoir modéré qui maintient la société avec sagesse dans des bornes légales. Il n'y avoit pas une seule croisée de la ville qui ne fût pavoisée de son drapeau, pas un seul batelet de la rivière qui ne voguât sous des banderoles. La plus petite maison portoit sa décoration de draperies ou de guirlandes; la plus petite rue étoit semée de fleurs; et, dans l'ivresse générale, les cris de haine et de mort s'étoient évanouis comme la dernière rumeur d'une tempête à l'aspect d'une matinée pacifique. On se rapprochoit sans se connoître, on s'embrassoit sans se nommer; les banquets publics servis dans les rues réunissoient le riche au pauvre, l'aristocrate au jacobin, et cette cohue énorme fut sans confusion, sans dispute, sans accident. Le repos étoit une nécessité si universelle! Les uns avoient si grande hâte de jouir sans trouble de ce qu'ils avoient acquis; les autres étoient si fatigués de douleurs et si altérés de consolations, le peuple si las d'émotions qui ne sont pas faites pour sa simple et saine intelligence! — Enfin le cortége arriva. C'étoit la première fois qu'on voyoit les membres de la Convention astreints à un costume uniforme, et cette particularité, propre à la monarchie et aux gouvernements aristocratiques, pouvoit passer pour une espèce de révélation. Léonard Bourdon avoit presque de la tournure, et Armonville lui-même ne manquoit pas d'une sorte de dignité. L'habit de cérémonie des conventionnels faisant la Fête-Dieu par l'ordre de Robespierre étoit bleu-barbeau, noué de la ceinture tricolore. Leurs sabres, leurs chapeaux, leurs rubans, leurs panaches, la majesté affectée de leur marche processionnelle, ce mélange d'hiérophantisme et de patriciat sauvages, ces cris d'un peuple émerveillé, à qui l'on vient de rendre Dieu par décret, il faut avoir vu tout cela pour le croire, et pour comprendre que tout cela étoit très-beau. Chaque député tenoit un bouquet de fleurs. Robespierre portoit seul un habit bleu foncé. Il avoit un bouquet sur le cœur et un bouquet énorme à la main. Il lui étoit trop difficile de donner à sa morne physionomie l'expression du sourire, qui n'a peut-être jamais effleuré ses lèvres; mais je me souviens qu'il tenoit levés avec fierté sa tête blême et son front lisse, et que son œil, ordinairement voilé, exprimoit quelque tendresse et quelque enthousiasme. Ce sont ces qualités qu'on lui conteste, même comme orateur, et dont j'ai dit qu'il restoit des traces dans ses discours, surtout depuis l'époque dont je parle, et où il avoit nécessairement compris la nécessité de rattacher la France révolutionnaire à la société européenne. Celui du 20 prairial est si connu, qu'il seroit superflu d'en rapporter quelques fragments. C'est le seul qu'on ait jamais cité; mais il y a dans les autres de beaux mouvements qui n'avoient jamais été exprimés avec cet air d'énergie et de nouveauté, et dont le développement ne manque pas, je pense, de ce mérite du style que notre délicatesse françoise fait passer avant toutes les autres puissances de la parole.

Voyez, par exemple, ce discours du 7 prairial, où il convoque la France aux pieds de l'Éternel auteur des choses, et où il supplie la République de rappeler parmi les mortels la liberté et la justice EXILÉES. Il comprend cependant qu'il reste une ressource aux ennemis de la vérité, l'*assassinat!* Et voilà ce mot qui se prolonge comme un refrain solennel à travers de magnifiques périodes à la manière d'Isnard et de Vergniaud.

« Eh bien! ajoute-t-il, si vous voulez étouf-
» fer les factions, elles vous assassineront!
» J'en conviens; et nous n'avons pas fait en-
» trer dans nos calculs l'avantage de vivre
» longuement. Ce n'est point pour vieillir que
» l'on déclare la guerre à tous les tyrans, et,
» ce qui est bien plus dangereux encore, à
» tous les crimes. Quel homme sur la terre
» a jamais défendu impunément les droits de
» l'humanité?.... Je trouve, au reste, pour
» mon compte, que la situation où les enne-
» mis de la République m'ont placé n'est pas
» sans avantage; plus la vie des défenseurs
» de la liberté est incertaine et précaire, plus
» ils sont indépendants de la méchanceté des
» hommes. Entouré de leurs complots et de
» leurs assassins, je vis d'avance dans le nou-
» vel ordre de choses où ils veulent m'en-
» voyer; je ne tiens plus à mon existence pas-
» sagère que par l'amour de la patrie et par
» la soif de la justice. Plus ils sont empressés
» de terminer ma carrière ici-bas, plus je sens
» le besoin de la remplir d'actions utiles au
» bonheur de mes semblables, et de laisser
» au moins au genre humain un testa-

» ment dont la lecture fera pâlir les ty-
» rans. »

Il faut avouer que nous aurions peu d'objections contre une pareille éloquence, si elle étoit scellée du timbre de l'antiquité, et honorée de l'approbation banale des rhéteurs. Ce que j'y remarque surtout, c'est ce sentiment de courageuse tristesse et de prévision tragique qui me paroît l'expression tout entière de l'époque, et dont je trouve cependant peu d'autres exemples dans les orateurs révolutionnaires.

Les esprits absolus qui ne veulent rien accorder à Robespierre ont été obligés de recourir à la supposition commune et commode d'un *faiseur* obligeant qui fournissoit à ses travaux oratoires, et sans doute à ses improvisations, le fruit de quelques veilles éloquentes dont il n'a jamais trahi le secret. Robespierre avoit pour secrétaire, à l'époque de sa mort, un jeune homme nommé Duplay, fils de son hôte le menuisier, et dont on prétend qu'il avoit secrètement épousé la sœur. On l'appeloit Duplay le boiteux, parce qu'il avoit été grièvement blessé à Valmy, dans une des premières journées militaires de la révolution. C'étoit un de ces esprits jeunes et fervents, en qui la fermentation des idées nouvelles avoit hâté le développement de quelques facultés que toute autre époque auroit laissées stériles et méconnues ; mais rien n'a prouvé dans le reste de sa vie, et il a survécu de beaucoup à Robespierre, que la nature l'eût doué à un degré remarquable du talent de parler et d'écrire [1]. C'est d'ailleurs sur des lambeaux écrits en entier de la main de Robespierre, et qui avoient toute la soudaineté, tout l'abandon, tout le désordre même d'une composition hâtive, qu'a été imprimé le fameux discours du 8 thermidor, qui précéda la catastrophe de moins de vingt-quatre heures, et ce discours est certainement ce que Robespierre a laissé de plus remarquable. Il est surtout vraiment monumental,

---

[1] J'ai fait quelque part une mention moins avantageuse de Duplay, mais on m'a démontré que j'étois trompé par une confusion de noms, et rien ne me coûte moins que de me rétracter, quand je me trompe. C'est, au reste, sur des événements dont tous mes contemporains sont, autant que moi, les témoins et les juges, la seule inexactitude de faits qui m'ait été reprochée.

vraiment digne de l'histoire, en ce point qu'il révèle, d'une manière éclatante, les projets d'amnistie et les théories libérales et humaines qui devoient faire la base du gouvernement à venir, sous l'influence modératrice de Robespierre, si la terreur n'avoit triomphé le 9 thermidor, et qui triomphèrent à leur tour, malgré ce sanglant coup d'État, parce que la nation, fatiguée d'oppression et de massacres, ne comprenoit plus de coup d'État qui ne dût être le signal de son affranchissement.

« Je ne connois que deux partis, » dit Robespierre, et il n'est pas inutile de rappeler aux lecteurs prévenus que c'est lui qui parle ainsi ; « je ne connois que deux partis, celui
» des bons et celui des mauvais citoyens.....
» Le cœur flétri par l'expérience de tant
» de trahisons, je crois à la nécessité d'ap-
» peler la probité et tous les sentiments
» généreux au secours de la république.
» Je sens que partout où se rencontre un
» homme de bien, en quelque lieu qu'il
» soit assis, il faut lui tendre la main, et le
» serrer contre son cœur. Je crois à des cir-

» constances fatales qui n'ont rien de com-
» mun avec les desseins criminels; je crois
» à la détestable influence de l'intrigue, et
» surtout à la puissance sinistre de la calom-
» nie...... Ce sont les méchants seulement
» qu'il faut punir des crimes et des malheurs
» du monde...... Ceux qui nous font la guerre
» ne sont-ils pas les apôtres de l'athéisme et
» de l'immoralité ?...... Que m'importe qu'ils
» poursuivent l'aristocratie, s'ils assassinent
» la vertu ? »

Je continue à copier, et je m'y crois autorisé; le dernier discours de Robespierre est
devenu si rare, qu'il peut passer pour inédit.

« On veut, s'écrie-t-il, m'arracher la vie
» avec le droit de défendre le peuple ! Oh ! je
» leur abandonnerai ma vie sans regret. J'ai
» l'expérience du passé, je vois l'avenir ! Quel
» ami de la patrie peut survivre au moment
» où il n'est plus permis de la servir et de dé-
» fendre l'innocence opprimée?.... Comment
» supporter le supplice de voir cette horrible
» succession de traîtres, plus ou moins habiles
» à cacher leurs âmes hideuses sous le voile de
» la vertu ou sous celui de l'amitié, et qui

» laisseront à la postérité l'embarras de déci-
» der lequel des persécuteurs de mon pays
» fut le plus lâche et le plus atroce?.... En
» voyant la multitude des crimes que le tor-
» rent de la révolution a roulés pêle-mêle
» avec les vertus civiques, j'ai craint quelque-
» fois, je l'avoue, d'être souillé aux yeux de
» l'avenir par le voisinage impur de tant de
» pervers, et je m'applaudis de voir la fu-
» reur des Verrès et des Catilina de mon pays
» tracer une profonde ligne de démarcation
» entre eux et les gens de bien. J'ai vu dans
» toutes les histoires les défenseurs de la li-
» berté accablés par la calomnie, égorgés par
» les factions; mais leurs oppresseurs sont
» morts aussi. Les bons et les méchants dis-
» paroissent de la terre, mais à des conditions
» différentes..... Non, Chaumette, non, la
» mort n'est pas un sommeil éternel. La mort
» est le commencement de l'immortalité. »

Les probabilités de la haute fortune politique de Robespierre étoient changées. Il devoit se défendre, le 8 thermidor, de ce plan, vrai ou faux, de dictature réparatrice qu'il auroit trouvé, six semaines auparavant, trop facile à exécuter. Sa réponse à cette accusation est un de ces modèles d'ironie spirituelle dont on citeroit à peine l'équivalent dans les meilleurs discours de Mirabeau. Il n'y a rien nulle part de plus ingénieux, de plus fin et de plus noble à la fois.

« Quel terrible usage les ennemis de la Ré-
» publique ont fait, dit-il, du seul nom
» d'une magistrature romaine! Et si leur
» érudition nous est si fatale, que n'avons-
» nous pas à redouter de leurs intrigues et de
» leurs trésors! Je ne parle pas de leurs ar-
» mées. Mais qu'il me soit permis de renvoyer
» au duc d'York et à ses écrivains royaux les
» patentes de cette dignité ridicule qu'ils
» m'ont expédiées les premiers. Il y a trop
» d'insolence à des rois qui ne sont pas sûrs
» de conserver leurs couronnes, de s'arroger
» le droit d'en distribuer si largement. »

Ce trait sublime : *Je ne parle pas de leurs armées*, est de la hauteur de Nicomède et de Corneille.

Le chant du cygne de Robespierre, ce long codicile *in articulo mortis*, ne manque pas, comme on voit, de beautés de style et de beautés de sentiment; mais il est vague et mal ordonné, ce qui ne prouve rien à la vérité contre la logique de l'orateur, car on s'aperçoit qu'il a été composé d'un jet, et qu'il n'a pu être revu. C'est un plaidoyer improvisé en face de l'échafaud, et qui n'offre, au total, que la paraphrase diffuse, mais éloquente, d'une seule pensée.

« Eh quoi!..... je n'aurois passé sur la terre
» que pour y laisser le nom d'un tyran!.....
» un tyran!..... Si je l'étois, ils ramperoient
» à mes pieds, je les gorgerois d'or, je leur
» assurerois le droit de commettre tous les
» crimes, et ils seroient reconnoissants!.....
» Qui suis-je, moi que l'on accuse? un esclave
» de la liberté, un martyr vivant de la Répu-
» blique, la victime encore plus que le fléau du
» crime.... Otez-moi ma conscience.... je suis
» le plus malheureux de tous les hommes. »

Ces citations sont choisies dans les meilleures pages de Robespierre. Elles donnent sa mesure la plus large comme personnage politique et comme écrivain. Aussi la seule induction que je prétende en tirer, je le répète, c'est que Robespierre n'étoit pas tout-à-fait si nul qu'on l'a fait au gré des thermidoriens, et que la tribune a souvent retenti depuis d'accents moins imposants et de périodes moins sonores. Mais, encore une fois, il n'a jamais figuré qu'au second rang parmi les orateurs de la Montagne. Jusqu'au mois d'avril 1794, il y fut dominé de très-haut par l'ascendant de Danton, l'homme à la voix stentorée, aux improvisations jaculatoires, aux idées abruptes, aux images fortement colorées, espèce de tribun voluptueux, dans lequel il y avoit l'étoffe d'Aristippe et de Démosthènes. Depuis la mise en accusation de Danton, la première place appartient à Saint-Just, écolier aventureux, qui étoit sorti tout formé du moule d'une révolution; type unique chez les modernes du Spartiate de Lycurgue et du légiste de Dracon; âme stoïque et inflexible que la nature n'avoit peut-être pas faite cruelle, mais qui ne répugnoit pas à la rigueur et même à la cruauté, quand il s'agissoit d'attester son impassibilité par quelque résolution féroce; l'homme le plus puissamment organisé de cette partie de l'assemblée, et qui, séide fidèle et sincère de Robespierre, dont l'intègre et incorruptible austérité l'avoit soumis, s'exerçoit dans une carrière plus forte à la vocation de Mahomet.

Pour ne plus revenir sur cette question, dont je ne me dissimule pas l'étrangeté; pour me justifier de cette justification tout-à-fait relative d'un homme qu'on ne peut défendre de tout sans démence; pour en finir avec la polémique excitée par cette hypothèse que j'ai hasardée le premier, et qui ne pouvoit pas, à la vérité, être admise sans contestation, il suffit de reporter l'attention du lecteur sur la statistique et la physionomie morale de la Convention au 9 thermidor. Si la tyrannie méthodique, si la terreur organisée en système avoient un siége quelque part, c'étoit dans ces comités de gouvernement, depuis long-temps déjà désertés par Robespierre. L'attaque partit du sommet de la Montagne, et des hommes les plus aveuglément dévoués aux excès furieux de la démocratie en délire : de Billaud-Varennes, le lion des jacobins; du farouche Collot d'Herbois, le plus cruel de leurs proconsuls; d'Amar, de Vadier, de Voulland, de Legendre, de Fréron, ligue de furieux ou de malades, qui sauva la patrie sans le vouloir, et dont le seul but étoit d'exploiter la révolution au profit de la dévastation et de la mort. Tels étoient les chefs de cet exécrable parti des thermidoriens, qui n'arrachoit la France à Robespierre que pour la donner au bourreau, et qui, trompé dans ses sanguinaires espérances, a fini par la jeter à la tête d'un officier téméraire; de cette faction à jamais odieuse devant l'histoire, qui a tué la République au cœur dans la personne de ses derniers défenseurs, pour se saisir sans partage du droit de décimer le peuple, et qui n'a pas même eu la force de profiter de ses crimes. Robespierre la connoissoit si bien, qu'il dédaigna de lui adresser la parole, et que, se tournant vers une autre partie de l'assemblée, pure, mais mobile et méticuleuse, qui renfermoit beaucoup de vertus privées et peu de forces politiques, il implora de cette majorité flottante l'appui des honnêtes gens. Elle ne répondit pas. Brutus, plus expert que Robespierre dans la science des révolutions, ne seroit point tombé dans cette erreur. Il n'attendit rien de la vertu aux champs de Philippes; il la nia, et livra son cœur au poignard amical de Straton. L'histoire montre partout quelle espèce de secours il y a lieu d'attendre des honnêtes gens dans les circonstances extrêmes comme celle-ci, où il ne s'agissoit de rien moins que du triomphe de la tyrannie des comités sur la cause de l'humanité et la justice. Un chef de parti qui n'a plus de ressources que dans le dévouement et l'énergie de ce qu'on appelle les honnêtes gens, doit s'envelopper de son manteau et se brûler la cervelle.

ÉLOQUENCE RÉVOLUTIONNAIRE.

III.

LES DÉPUTÉS EN MISSION.

Je n'avois pas douze ans; mais à l'époque dont je parle, la forte éducation des événemens venoit, si l'on peut s'exprimer ainsi, d'émanciper l'enfance. Il n'y avoit point de spectateur froid dans ce grand drame, et les distractions qui suivoient nos études de collége étoient plus sérieuses et plus imposantes que les hautes leçons de l'histoire et de la poésie. La tragédie couroit les rues.

C'étoit à Besançon ; tout annonçoit à la société populaire une séance solennelle. La foule se pressoit depuis le matin à ses portes. Deux conventionnels devoient, dit-on, y demander réciproquement leur tête, et, dans ce temps-là, ces figures oratoires étoient autre chose que d'effrayantes hyperboles. Le résultat ne tardoit pas à les vérifier. C'est cette séance que je veux raconter, non qu'elle se distingue par une grande importance historique de mille événemens du même genre, mais parce qu'il me sera peut-être permis d'en tirer une induction qui est, je ne sais pourquoi, toute neuve, et que j'ai à peine indiquée jusqu'ici. On verra si elle sort évidemment des faits.

Robespierre le jeune fut envoyé en mission dans la département de la Haute-Saône au mois de mai 1794, trois mois à peu près avant le 9 thermidor. Je ne sais quel étoit l'objet particulier de son voyage, mais personne n'a oublié l'immense intensité de ce pouvoir proconsulaire. Toutefois il devoit le partager avec un de ses collègues. Celui-ci se nommoit Bernard de Saintes.

Bernard étoit un homme de cinq pieds neuf pouces, d'une cinquantaine d'années, dont la taille étoit droite et très menue, le port roide et assuré, la physionomie d'une imperturbable austérité, que n'avoit jamais égayé un sourire. Ses yeux étoient ardens, ses sourcils noirs, son teint bilieux et bronzé, sa maigreur effrayante. Il avoit le parler bref et sévère, sans élégance et sans chaleur, mais non pas sans je ne sais quelle autorité menaçante qui résultoit de tout l'ensemble de sa redoutable personne. Athée déclaré, et irréconciliable ennemi de tout ce qui pouvoit rappeler un culte, il s'étoit empressé d'échanger ses deux prénoms d'Adrien-Antoine, contre les mots qui concouroient avec eux dans le ridicule calendrier du docteur Romme, et ceux-ci étoient *Pioche* et *Fer*. On n'auroit pas mieux rencontré pour caractériser le terrible Bernard. J'ajouterai, afin de rendre tous mes souvenirs, qu'il passoit pour avoir des mœurs sobres et pures, et que son républicanisme inflexible et cruel étoit en lui une espèce de religion.

Robespierre arriva à Vesoul, mais il ne descendit point à l'hôtel qu'occupoit son collègue. Il alla prendre son logement chez un procureur nommé Humbert, qui étoit connu par des principes fort opposés à la révolution, et dont le nom se trouvoit même porté sur la liste des suspects, mais qui avoit eu l'étrange bonheur de faire ses premières études avec Robespierre l'aîné. Cette particularité imprima le mouvement le plus singulier à l'opinion. Le soir, après avoir communiqué avec Bernard pendant plusieurs heures, Robespierre se rendit à la société populaire, la remercia de ses travaux, l'encouragea dans son zèle, et par une péripétie tout-à-fait inattendue, lui apprit qu'on s'étoit trompé dans les départements sur la juste et bonne direction du gouvernement révolutionnaire, qui n'avoit pour objet que le bien de tous, et qui ne devoit se faire connoître que par des bienfaits. Il parla de conciliation, d'indulgence, d'amnistie universelle, et descendit de la tribune au milieu d'une rumeur d'étonnement qui ne présentoit d'ailleurs rien d'hostile. Au lever du soleil, huit cents détenus d'opinion furent rendus à la liberté, en vertu d'un arrêté signé *Robespierre* et *Bernard*. L'aspect de la ville changea en un moment. Elle offrit le tableau d'une fête. Les cris de *vive Robespierre* se firent entendre partout : des jeunes filles en robes blanches, des épouses consolées, des mères qui venoient de revoir leurs enfants qu'elles croyoient perdus à jamais, entourèrent la modeste retraite du représentant, et la décorèrent de fleurs et de rubans. Le nom de Bernard ne fut pas prononcé au milieu de ces hommages naïfs et indiscrets. Il rentra à Besançon, la rage et l'envie dans le cœur.

C'étoit à la séance de la veille qu'il avoit paru, et qu'il s'étoit accusé d'une lâche foiblesse, déterminée par les perfides séductions de Robespierre. Il venoit de rendre à la liberté des aristocrates pour qui la vie étoit déjà un bienfait du peuple, et qui n'auroient dû sortir des prisons que pour aller à l'échafaud. Rien ne pouvoit expier ce fatal abus de pouvoir que la mort de deux représentants traîtres à la patrie, et il supplioit la société populaire d'apostiller la dénonciation qu'il adressoit au Comité de salut public, pour lui demander la tête de Robespierre et de Bernard. La société populaire ajourna sa délibération, jusqu'au moment où elle auroit entendu Robespierre. Bernard se retira de la séance en disant qu'il n'y pouvoit reparoître que comme accusé. Je ne sais si je me trompe, mais ces folies, aujourd'hui incroyables, avoient au moins un grand caractère, et faisoient vivre l'âme dans une haute région de passions et d'idées.

Après cette avant-scène indispensable, nous allons ouvrir les grilles de la vieille église des Capucins, où siégeoit le club peu turbulent de la noble cité de Besançon, si connue par la douce gravité de ses mœurs. Il est vrai qu'elle n'avoit fait en quelque sorte que reprendre des habitudes républicaines à peine effacées, et dont une partie s'étoit conservée dans la tradition. Peu engagée envers les Bourbons, dont elle étoit depuis cent ans la conquête, elle se plioit aisément à une nouvelle forme de police qui se rapprochoit un peu de sa police ancienne, et presque tout le monde y seroit arrivé sans brisement, si la révolution mieux faite n'étoit pas tombée dans d'indignes mains, comme elles tombent toutes. Le jour dont je parle, un sentiment universel de fatigue et de douleur brisoit l'âme de tous ces patriotes si long-temps entraînés des erreurs aux excès, et je les voyois se serrer la main avec un sourire amer et un geste de pitié.

Le président de la société populaire étoit un de ces hommes élevés de caractère, élevés de talent, inaccessibles à tout reproche, qu'on s'étonnoit quelquefois de voir mêlés au mouvement passionné de l'époque, mais dont l'impénétrable secret ne doit pas être discuté. Son calme plein de fermeté et de douceur, son éloquence pleine d'heureuses insinuations et de sages ménagements, la noble dignité de ses manières, l'avoient fait choisir pour dominer sur cette scène inquiétante, et pour en changer habilement le cours, si elle devenoit trop grave. Bernard étoit assis immobile au bout d'une banquette, reconnoissable seulement aux rayons de feu qui sortoient de ses yeux enfoncés, et qui lui donnoient quelque chose de la physionomie d'un oiseau de proie. Enfin Robespierre entra.

Robespierre le jeune n'avoit qu'une trentaine d'années, mais sa tournure fatiguée, son regard obscurci par des lunettes de couleur, son front peu garni de cheveux, ses traits longs et prononcés, son teint hâve lui donnoient l'air beaucoup plus vieux. Il avoit une redingote fauve, un grand pantalon blanc, un gilet fort ouvert qui laissoit voir de très-beau linge. Le col de sa chemise retomboit des deux côtés de sa cravate; mais il y avoit dans sa négligence même du goût et de la propreté. Il monta à la tribune.

Tout le monde attendoit en silence, quand un épisode qui caractérise ce temps-là vint porter sur un autre point l'attention de l'auditoire. Il se trouvoit parmi les membres de la société un ferblantier à la taille colossale, aux formes athlétiques, à la voix de Stentor, qui ne prenoit jamais la parole que pour des motions d'ordre assez remarquables par leur concision énergique et par leur tour original. C'étoit le *paysan du Danube* de l'assemblée. « Citoyens, dit-il, les réglements de notre société interdisent l'entrée de son enceinte aux femmes; je suis marié, je suis père, et je n'y ai jamais amené ni ma fille ni ma femme. Robespierre, qui n'est ni marié ni père, y a amené une femme. Je demande qu'elle sorte, ou que le procès-verbal atteste au moins qu'un républicain a protesté aujourd'hui contre l'aristocratie de Robespierre. » Il faut se rappeler ce que c'étoit alors que Robespierre, il faut savoir quelles étoient les suites presque inévitables de ces polémiques de club, pour apprécier cette anecdote. Robespierre parut étonné, mais il fit un signe, et la femme qui l'avoit accompagné sortit de l'enceinte : au même instant tous les regards se fixèrent sur elle. Je ne la trouvai ni belle ni jolie, et cependant son aspect me fit une profonde impression. Il y avoit quelque chose de pénétrant, de caustique, et presque d'infernal dans son regard et dans son sourire. On supposoit à peine qu'elle fût la maîtresse de Robespierre, dont l'âpreté cénobitique et la physionomie pâle et macérée sembloient exclure l'idée de l'amour. Chose étrange! dans ce temps où l'idée de Dieu passoit pour un préjugé, le bruit se répandit que la compagne de Robespierre étoit une créature d'une organisation supérieure, qui avoit le privilége de lire dans les âmes, et qu'il la conduisoit avec lui pour le seconder dans un mystère de rédemption, où elle étoit chargée de la séparation des bons et des mauvais. J'atteste ce fait pour l'avoir entendu répéter cent fois. Pauvre peuple!

Le tumulte s'apaisa. La voix de Robespierre se fit entendre. Le timbre en étoit assez monotone, glapissant dans les tons hauts, qu'il affectoit volontiers pour varier son débit, sans nombre, sans vibration, tout-à-fait incapable de se prêter aux inflexions de la grâce ou à l'onction du sentiment, mais éminemment propre, selon moi, aux figures d'ironie et de dérision. J'ai souvent entendu dire depuis que Robespierre le jeune était un homme nul. Je ne le crois pas. J'étois certainement fort peu en état de le juger alors comme orateur; mais aujourd'hui même, que je crois l'entendre encore, je me rappelle à merveille la distribution de son discours, évidemment improvisé, et j'y trouve de l'esprit et du talent. Il commença par rappeler les faits de son passage à Vesoul, et par expliquer la conduite qu'il y avoit tenue. Il entra franchement dans le fond de la question, en déclarant, comme il l'avoit fait, qu'à l'exception de quelques grandes communes, il n'y avoit point de fédéralistes dans les départements. Il ajouta que le nombre des suspects avoit été multiplié par une extension cruelle des lois, et porté beaucoup au-delà de son expression raisonnable. Il insinua adroitement que c'étoit une manœuvre de l'aristocratie, cachée sous le masque d'une fausse ferveur patriotique, et qui cherchoit à prouver à l'Europe que ce n'étoit pas l'immense majorité de la France, la France presque unanime, qui vouloit la révolution. Il termina cette déduction adroite de principes en déclarant que le devoir des patriotes étoit de faire adorer la Montagne, et non de la faire craindre. Il n'évita pas de laisser échapper le nom de la terreur, terme alors sacramentel, et de lui rendre des actions de grâces, mais en ajoutant, ce sont ses termes, que ce système étoit sauveur et non conservateur, et qu'utile au triomphe de la liberté, il ne pouvoit que nuire à son affermissement. C'étoient là les généralités de la question.

Il passa ensuite à ce qui lui étoit particulier, c'est-à-dire à ses rapports avec Bernard de Saintes, et à la dénonciation que celui-ci avoit portée contre lui. Cette partie de la discussion, très-longue et très-peu variée dans la forme, est ce qui m'a laissé le sentiment le plus positif de la direction essentielle de son esprit. Ce fut une interminable ironie sur la nullité morale et politique de Bernard de Saintes, toute nourrie d'allusions à l'exiguité de son corps. « Il croyoit que quelqu'un de ce nom s'étoit glissé dans la Convention nationale par le trou de la serrure. S'il s'étoit trouvé auprès de Bernard, c'étoit sans l'apercevoir. Il se souvenoit à peine de l'avoir vu s'effacer quelquefois entre deux membres de la Montagne; il ne l'avoit reconnu à Vesoul que parce qu'il étoit sûr de n'avoir jamais rien rencontré de plus mince. » Les éclats de rire des tribunes couvroient tous ces quolibets, débités avec un calme effrayant; j'allois dire cruel, tant ils révéloient de haine et de froide vengeance dans un homme qui tenoit une si grande part de l'omnipotence révolutionnaire.

C'est dans ce moment que le président crut devoir faire intervenir son autorité conciliatrice. Il interrompit Robespierre, et conjura sa colère au nom des intérêts de la liberté, dont les défenseurs ne se divisoient pas sans danger pour elle; au nom de l'harmonie des citoyens, qui étoit troublée par ces débats; au nom de sa propre gloire et de l'illustration *d'une famille appelée à de si hautes destinées*. Cette phrase, échappée à une mauvaise habitude de cour ou à un faux calcul de convenances, suggéra à Robespierre jeune un mouvement remarquable. Il me parut éloquent, et c'est une raison pour que je ne cherche pas à rendre ses paroles. Il s'éleva contre cette *illustration* et ces *destinées* promises à une famille. Il s'indigna contre le penchant de certains hommes à rétablir dans l'opinion les priviléges qu'on venoit d'arracher à la noblesse; il indiqua cette tendance comme un des plus grands obstacles qu'on pût opposer à la liberté. Il ajouta que si son frère avoit rendu quelques services à la cause de la patrie, son frère en avoit reçu le prix dans la confiance et l'amour du peuple, et qu'il n'avoit, lui, rien à réclamer. « Ces acceptions de » noms, continua-t-il, sont une des calamités » de l'ancien régime! Nous en sommes heu-

» reusement délivrés, et tu présides cette so-
» ciété, toi qui es d'une famille d'aristocrates
» et qui es le frère d'un traître !.... Si le nom
» de mon frère me donnoit ici un privilége,
» le nom du tien t'enverroit à la mort. »—Puis,
retournant à sa tournure favorite, et s'adressant au ferblantier : « Rassure-toi, brave ré-
» publicain : ce n'est pas aux Robespierre que
» l'aristocratie des noms commencera, et si
» étroite et si légère que soit la tête de Ber-
» nard, la mienne ne pèsera pas plus que la
» sienne dans la balance de la justice. » Il descendit de la tribune au milieu de nouveaux
éclats de rire et de nouvelles acclamations,
traversa l'enceinte, rejoignit sa compagne, et
se rendit à sa chaise de poste. La cour de l'au-
berge étoit pleine de femmes qui l'attendoient
avec impatience pour lui présenter les récla-
mations des détenus. Il n'avoit qu'un mot à
dire pour éteindre toutes ces espérances qui
se manifestoient par mille démonstrations de
tendresse, car il étoit, dans ce temps-là, facile
d'être aimé. Les pouvoirs de sa mission avoient
cessé aux bornes du département. Il ne pouvoit plus rien pour personne; mais il promit

à la foule, si émue par son refus, qu'il porteroit sa plainte à la Convention, qu'il dévoileroit devant elle les injustes et horribles rigueurs des proconsuls, et finit par cette phrase que je n'ai pas pu oublier : « Je reviendrai ici avec le rameau d'or, ou je mourrai pour vous; car je vais défendre à la fois ma tête et celle de vos parents. » La voiture partit, suivie de cris de douleurs. Toute la famille des proscrits pleuroit, et, chose qu'on auroit peine à croire si on ne le savoit pas de toute la certitude du souvenir, elle pleuroit Robespierre!

Sa prédiction alternative se réalisa. Trois mois après, arriva le 9 thermidor; Robespierre le jeune n'étoit pas accusé. Il s'écria qu'il vouloit partager le supplice de son frère, puisqu'il avoit été complice de ses vertus. Dans ce temps-là on faisoit beaucoup de phrases à effet; mais les phrases à effet ne sont pas ridicules, quand l'homme qui les prononce a un pied sur le seuil de la tribune et l'autre sur le premier degré de l'échafaud. Maintenant cela fait pitié. On avoua que le dévouement de Robespierre jeune respiroit quelque chose de l'antiquité. Prisonnier à la Commune, quand il vit son frère mutilé par un gendarme, et agonisant sur une table, il s'élança des hautes croisées sur les baïonnettes de la troupe qui entouroit l'Hôtel-de-Ville, et s'y roula comme Régulus. Il ne vécut que ce qu'il falloit de temps pour mourir sous la main du bourreau; et cette mort a sans doute expié ce que tout le monde reproche à sa vie. Il faut convenir que cela n'est pas mal.

La nouvelle du 9 thermidor, parvenue dans les départements de l'Est, développa un vague sentiment d'inquiétude parmi les républicains exaltés, qui ne comprenoient pas le secret de cet événement, et qui craignoient de voir tomber le grand œuvre de la révolution avec la renommée prestigieuse de son héros; car derrière cette réputation d'incorruptible vertu qu'un fanatisme incroyable lui avoit faite, il ne restoit pas un seul élément de popularité universelle, un nom auquel les doctrines flottantes de l'époque pussent se rattacher. Mais ce fut bien autre chose dans les rangs opposés. Hélas! se disoit-on à mi-voix, qu'allons-nous devenir! Nos malheurs ne sont pas finis, puisqu'il nous reste encore des amis et des parens, et que MM. Robespierre sont morts! Et cette crainte n'étoit pas sans motif, car le parti de Robespierre venoit d'être immolé par le parti de la terreur.

Ce que je dis là est si bizarre, si abrupt, si inopiné, que tout mon scepticisme politique ne sauroit me dispenser d'une espèce de profession de foi. Ce n'est pas moi, grâce au ciel, qui viendrai déterrer les linceuls couverts de boue et de sang de ces tribuns frénétiques de la Montagne, pour les ériger en drapeau à la tête d'un parti. Il n'y en a pas un qui puisse exciter une noble sympathie; et c'est tout au plus si quelque attraction involontaire me décideroit aujourd'hui entre la larve hideuse de Marat et le spectre gigantesque de Danton. Celui-ci domine de beaucoup, à mes yeux, les deux Robespierre, hommes essentiellement secs, faux, froids, despotiques et sans pitié. Mais ce que je viens de raconter dénonce un rôle convenu; et c'est ici que la trame de l'histoire manque, et qu'il faut la renouer.

Robespierre l'aîné, on n'en doute pas,

étoit l'expression personnifiée de la Convention ; il le savoit aussi, et il avoit dit admirablement : « On ne va jamais plus loin que » quand on ne sait pas où l'on va ; » mais quiconque a dit cela sait précisément où il doit aller ; et comme il est impossible de savoir où l'on doit aller sans avoir des idées d'ordre, c'est à l'ordre qu'alloit Robespierre, soit instinctivement, soit par combinaison. Il en avoit senti le besoin. Il avoit par conséquent senti la nécessité du pouvoir ; car il n'y a point d'ordre sans pouvoir.

En regardant autour de lui, Robespierre dut s'apercevoir qu'il étoit le seul dans toute la France, ainsi qu'on nous l'avoit faite, qui pût s'investir d'une confiance populaire assez vaste pour rétablir l'ordre ; il desiroit donc le pouvoir, et c'étoit alors le mériter. J'ai besoin de répéter que je suis loin de plaider pour Robespierre, et que je cherche l'intelligence des faits. Jetez cent assassins ensemble sur une terre déserte, avec quelques moyens d'existence : au bout de dix ans ils auront un chef, des institutions et des mœurs ; c'est ainsi que finissent toutes les grandes aberrations sociales. C'est ainsi que Robespierre avoit entrepris ce qu'a exécuté Napoléon. Sa fête de l'Être-Suprême est l'ébauche d'un concordat; ses pages, plus belles qu'on ne le dit communément, sur les vertus républicaines; cette vaste et confuse improvisation du 8 thermidor, où il accuse les excès et les fureurs passées, rappellent l'interpellation de Bonaparte aux infracteurs de la constitution; son recours du 9 thermidor à la partie calme et saine de l'assemblée, c'est le cri de Bonaparte qui atteste les acclamations d'amour et de reconnoissance qui l'ont accueilli aux Anciens. Voilà la marche éternelle des sociétés : OEdipe qui règne après avoir vaincu le Sphynx, Alexandre qui tranche le nœud gordien ; le héros après le sophiste, et le sabre après la parole. Il ne s'agit pas ici de comparaison de facultés, quoique je ne m'abuse point sur ces grandeurs contemporaines qu'on bâtit à coups de plumes pour la postérité, et qu'elle adoptera niaisement comme nous en avons adopté tant d'autres. Je ne vois dans Robespierre qu'un homme médiocre porté par des événements, et il y a dans Napoléon un homme pour lequel l'imagination conçoit à peine la possibilité d'une vie vulgaire. Cette comparaison ne repose que sur un fait qui leur est commun ; leur nom exprime, à deux époques très-rapprochées, *le pouvoir absolu*.

Les personnes qui doutent de la direction rétrograde de Robespierre font valoir son alliance avec les jacobins et la commune, beaucoup plus extrêmes à la vérité que la Convention elle-même. C'est un fait qui ne peut pas se contester ; mais Robespierre savoit que les puissances politiques du temps étoient dans la Convention et dans le comité de salut public : il lui falloit un levier pour ébranler ce monde révolutionnaire, et il ne pouvoit le prendre qu'où il l'a pris. Le lendemain d'un triomphe, le plus obscur des amis de Robespierre auroit fermé les jacobins avec la même facilité que Legendre, et en auroit mis comme lui les clefs dans sa poche. Les jacobins et la commune étoient à la vérité une arme terrible, mais une arme insaisissable, qui n'avoit de valeur que dans la main qui l'avoit forgée. Elle dépendoit tellement de Robespierre, qu'à l'instant où Robespierre tomba, elle resta immobile à côté de lui, semblable à ce vieux glaive qui est couché à Cantorbéry sur le marbre mortuaire du prince noir ; on n'en a plus parlé depuis.

L'appel tardif de Robespierre à la partie modérée de l'Assemblée, aux *honnêtes gens*, comme il dit, ne produisit pas l'effet qu'il attendoit, sans doute, de ce mouvement oratoire étrange et inattendu. Les *honnêtes gens*, dans l'acception reçue de ce mot, ont plus de prudence que de courage, et ils se trouvent quelquefois de l'esprit à force de prudence et d'égoïsme. Ceux-ci se taisoient avec quelque raison entre ces deux fractions de la Montagne dont le déchirement n'annonçoit que des catastrophes assez favorables aux survivants ; ils étoient là comme ce jésuite des missions, menacé par un tigre et par un crocodile, et qui leur échappe à la faveur de leurs cruelles antipathies ; le tigre est mort, le crocodile est repu, le jésuite s'en va : quelquefois même il emporte la peau du tigre, et s'en fait une bonne fourrure.

Je le crois, dans toute la sincérité de mon

cœur; les Robespierre avoient été, de leur mauvaise nature, les premiers instruments de la terreur; mais, doués d'un esprit d'observation et de finesse qui s'explique par leurs études, par leurs mœurs, par leur physionomie, ils avoient prévu à la longue la solution nécessaire des choses, et ils avoient eu l'envie assez naturelle de s'en emparer, parce qu'ils étoient, comme je l'ai dit, les seuls représentants de la popularité révolutionnaire. Leurs adversaires déjouèrent cette manœuvre, à laquelle se rattachent essentiellement le voyage de Robespierre le jeune, la désertion de Robespierre l'aîné du comité de salut public, et sa théocratie sacrilége, et la philantropie tardive de ses discours patelins. Le parti de Robespierre périt sous l'action de la terreur, représentée par quelques membres du comité de salut public; et cependant la terreur ne triompha point, parce qu'elle avoit mal calculé. Dans tous les États possibles, depuis le despotisme le plus absolu, où cela ne fait pas de doute, jusqu'à la démocratie la plus diffuse, l'opinion, c'est un homme; et quand cet homme n'est pas là, tout n'est rien; et quand cet homme n'est plus là, tout s'en va. Barrère, disert et poli, monta inutilement à la tribune, veuve de Robespierre, qui n'étoit guères ni l'un ni l'autre. La pierre de la voûte étoit tombée; l'arc de Nembrod étoit rompu, et la terreur se trouva toute surprise d'avoir enfanté la contre-révolution.

NOTES EXPLICATIVES.

J'ai très-peu lu l'histoire contemporaine, parce que je sais comment elle se fait. Il peut donc arriver que je me trouve quelquefois en contradiction avec le *Moniteur*, avec le *Bulletin*, ou avec quelque autre autorité de la même force ; et j'avoue sincèrement que je ne m'en soucie guère : ce que j'ai à cœur, moi qui écris pour moi, moi qui n'écris que pour moi et pour ceux-là seulement qui consentent à sentir comme moi, parce qu'ils m'estiment, parce qu'ils m'aiment, parce qu'ils me croient, ce qui m'importe par-dessus toutes choses, c'est de n'être pas en contradiction avec ma conscience. J'en suis très-sûr quand j'écris des faits que j'ai vus ou qui se sont passés assez près de moi pour que j'en sentisse l'impression ; moins sûr quand je hasarde des doctrines ou des théories, parce que j'ai souvent éprouvé que mon jugement pouvoit être dupe de mon imagination et de mon cœur. C'est pour cela que j'avois jeté d'avance, dans une feuille très-répandue, mes idées les plus suspectes de nouveauté et d'audace, pour appeler sur elles toute la sévérité des jugements dont je fais quelque estime, et les rectifier au besoin dans la publication arrêtée de ce livre. Cependant les impressions naïves d'un homme de bonne foi sont si fertiles en bonnes inductions que tout ce qui a été dit pour combattre mes sentiments n'a servi qu'à les fortifier; et voici que, par un hasard tout-à-fait inattendu, Robespierre jeune lui-même s'est chargé, à mon insu, de raconter cette séance de la société populaire de Besançon, qui vient de faire l'objet d'un de mes récits; de la raconter dans le feu et sous l'action d'une émotion récente, sinon avec tous les détails spéciaux dans lesquels je suis entré, et que sa position ne lui permettoit pas d'apercevoir comme moi, du moins avec un développement de principes qui tire ma conjecture du rang des paradoxes pour la faire passer d'une autorité plus irréfragable que la mienne à celui des certitudes historiques. Je crois devoir rapporter ici ce fragment précieux de notre histoire révolutionnaire, tiré d'un gros *Recueil de pièces trouvées chez Robespierre l'aîné*, qui a été publié cinq mois après sa mort par les thermidoriens. J'y ajouterai seulement quelques notes explicatives qui animeront peut-être cette nouvelle version de mon historiette d'un intérêt, non pas plus vif, mais plus vivant. Puisqu'on m'a décerné dans certains salons le titre bénévole d'*apologiste de Robespierre*, ce qui, dans ce temps d'aménités sociales et littéraires, est une politesse comme une autre, je puis bien être son commentateur.

LETTRE
DE ROBESPIERRE LE JEUNE A SON FRÈRE.

Commune affranchie, 3 ventôse an II
de la République.

« J'apprends que Bernard m'a dénoncé. Cet
» être petit et immoral ne peut m'atteindre;
» je ne répondrai à sa stupide dénonciation,

Petit est évidemment pris ici au sens figuré. On voit que, par un tour d'esprit assez naturel, surtout dans un homme qui ne se distinguoit pas du tout par l'abondance des idées, Robespierre jeune revient sur l'ironie dont j'ai parlé, et qui a servi de texte à ses interminables dérisions. J'ai déjà dit que Bernard de Saintes étoit très-grand.

» qui est un crime envers lui-même, que par
» le rapport de mes opérations. Je ne puis
» comprendre comment un représentant du
» peuple ose s'accuser d'avoir eu la condes-
» cendance de s'être laissé circonvenir, séduire
» même par un de ses collègues.

» Il a eu la sottise atroce de me traiter de
» *contre-révolutionnaire*; il m'a supposé l'in-
» tention d'obtenir du Comité de salut public
» un décret qui opprimât les patriotes; il a
» débité à la société populaire de Besançon
» des horreurs multipliées sur mon caractère,
» ma conduite, etc. Le frère d'Humbert [1] est

---

[1] Humbert étoit un vieux procureur de Besançon, dont l'aristocratie gothique étoit ridicule aux yeux mêmes des aristocrates, et qui étoit tout naturellement porté sur la liste des suspects. Sentant qu'il ne pouvoit se mettre à l'abri des persécutions qu'en se dépaysant, il se réfugia à Vesoul, chef-lieu d'un département voisin. Son frère (et non lui-même, comme je l'ai dit par erreur) avoit été le compagnon de bazoche de Robespierre l'aîné, dont il paroissoit avoir embrassé les sentiments. C'est ce qui fait concevoir comment Robespierre jeune, qui refusoit partout d'être logé et entretenu aux dépens des villes où l'appeloit sa mission, s'étoit avisé d'élire domicile chez un contre-révolutionnaire profès, dont l'existence, au milieu des frénésies de ce temps, étoit une espèce de phénomène. On juge bien que Bernard avoit tiré parti de cette circonstance dans sa dénonciation brutale contre Robespierre.

» perdu dans l'opinion publique à Besançon;
» il s'est servi de ce moyen pour prévenir tous
» les esprits contre moi, contre ce que j'avois
» fait. Il a peint la commune de Vesoul *en con-*
» *tre-révolution*, sous ma présidence, etc. J'ai
» facilement répondu à toutes ces calomnies; je
» n'ai trouvé d'adversaire à Besançon qu'un
» frère de Vaublanc[1] et un rédacteur corrompu
» d'un journal qui se fabrique dans le dépar-
» tement du Doubs[2]. *Rien n'est plus facile*
» *que de conserver une réputation révolution-*
» *naire aux dépens de l'innocence.* Les hom-
» mes médiocres trouvent dans ce moyen le

---

[1] L'adjudant-général Viennot, qui présidoit la société, homme d'âme et de mœurs antiques, et dont j'ai parlé sans le nommer.

[2] Ce journal s'appeloit *la Vedette*; le rédacteur étoit Pierre-Joseph Briot, depuis honorablement connu dans nos assemblées législatives, et un des premiers députés qui furent frappés par la proscription de brumaire. C'étoit un homme sensible, spirituel, souvent éloquent, dont les qualités naturelles avoient été servies d'ailleurs par d'excellentes études, et dont la moindre recommandation est d'avoir figuré avec quelque velléité d'énergie, le 18 brumaire, dans cette *Journée des Dupes* de la révolution, où il auroit té beau de mourir. A ce prix, il auroit peut-être un buste à côté de la statue de Cassius. — Dans la séance dont Robespierre jeune parle avec tant d'amertume, Viennot et Briot ne firent entendre que le langage d'une médiation modérée, mais la modération étoit une insulte pour de telles passions.

» voile qui couvre toutes leurs noirceurs;
» *mais l'homme probe sauve l'innocence aux*
» *dépens de sa réputation.* Je n'ai amassé de
» réputation que pour faire le bien, et *je veux*
» *la dépenser en défendant l'innocence.* Ne
» crains point que je me laisse affoiblir par
» des considérations particulières, ni par des
» sentiments étrangers au bien public. Le sa-
» lut de mon pays, voilà mon guide; la morale
» publique, voilà mon moyen. C'est cette mo-
» rale que j'ai nourrie, échauffée et fait naître
» dans toutes les âmes. On crie sincèrement
» *vive la Montagne* dans les pays que j'ai par-
» courus. Sois sûr que j'ai fait adorer la Mon-
» tagne, et qu'il est des contrées qui ne font
» encore que la craindre, qui ne la connois-
» sent pas, et auxquelles il ne manque qu'un
» représentant digne de sa mission, qui élève
» le peuple au lieu de le démoraliser. *Il existe*
» *un système d'amener le peuple à niveler*
» *tout; si on n'y prend garde, tout se désor-*
» *ganisera* [1].

» ROBESPIERRE *jeune.* »

[1] Ce passage, dont les conséquences naturelles sont si conformes à mon hypothèse, est, ainsi que les autres, souligné dans le texte.

« *P. S.* Je vais envoyer mon rapport au
» Comité de salut public. Je crois que la Con-
» vention ne souffrira pas que j'entre en lutte
» avec Bernard. »

Ce n'est donc plus moi qui parle cette fois;
c'est Robespierre, le terrible Robespierre jeune, l'expression jumelle d'une âme de tigre ; c'est lui qui, au juste-milieu de cette sanglante époque de la terreur qui sépare le 31 mai du 9 thermidor, et dans une communication dont la nature et la forme annoncent tout l'abandon qui résulte d'une parfaite simultanéité de sentiments; c'est lui qui, dans cette intimité confidentielle du frère avec le frère, dont ses assassins devoient seuls violer un jour le secret, reconnoît franchement qu'on l'a traité de *contre-révolutionnaire*, qu'on l'a accusé de mettre les villes en *contre-révolution*, et de méditer des moyens d'oppression contre les patriotes, c'est-à-dire contre les agents de l'épouvantable système qui désoloit alors le pays; c'est lui qui repousse avec horreur une popularité acquise *aux dépens de l'innocence*, qui manifeste l'intention trop tardive et trop impuissante *de la défendre;* c'est lui qui se flatte d'a-

voir fait *adorer la Montagne*; LA MONTAGNE !
et cela étoit vrai ! car la reconnoissance la plus
vive que puisse éprouver le cœur de l'homme,
il la ressent pour un pouvoir cruel qui se désarme, qui se dépouille en faveur du malheur,
de l'instinct et du besoin de faire le mal ; c'est
lui qui s'aperçoit enfin qu'*il existe un système
d'amener le peuple à tout niveler, dont une désorganisation complète sera la suite*, et qui épanche cette découverte, à laquelle l'époque où
elle est faite donne le caractère le plus bizarre
de naïveté, dans le sein du seul homme dont la
main soit assez forte encore pour tout réparer
et pour tout sauver ; et, remarquez-le bien :
c'est à dater de ce moment, de cette lettre
peut-être, que Robespierre l'aîné disparoît
tout à coup des comités de la Convention, et
cherche à étendre au dehors l'influence qu'il
avoit perdue dans l'enceinte de son *pandœmonium*, en brisant violemment son pacte
avec le crime ! Et c'est trois mois après que cet
homme, qu'on charge aujourd'hui de toutes
les iniquités, comme la victime piaculaire des
anciens, ose proférer le nom de Dieu, et rappeler à l'âme son immortalité parmi les satur-

nales sauvages d'une société ivre et délirante, qui a érigé l'athéisme en culte; et c'est deux mois plus tard qu'il monte à l'échafaud, comptable, sans le savoir, de tous les attentats d'une génération de cannibales! Que m'importe après cela qu'on vienne infirmer encore que le 9 thermidor ait été fait, comme je l'ai sincèrement écrit, dans l'intérêt de la terreur! L'histoire a dit le contraire, sans doute, et je sais bien qu'elle le dira. Pauvre autorité que l'histoire!

ÉLOQUENCE RÉVOLUTIONNAIRE.

IV.

LES SOCIÉTÉS POPULAIRES.

STUPIDE est la foule qui s'ingère de participer aux grands mouvements des affaires politiques; stupide, aveugle et insensée, car elle n'entrera jamais pour rien dans leurs résultats. Toute révolution qui échoue tourne au profit des pouvoirs qu'elle avoit menacés;

toute révolution qui réussit, au profit des avocats. Dans le premier cas, vous n'avez fait que river votre chaîne; dans le second, ce que vous croyez avoir conquis sur les aristocrates vous est repris par les sophistes. Vous avez transporté au péril de votre vie les dépouilles de la féodalité dans le vestiaire du sénat, et vous restez, quant à vous, ce que vous étiez devant; une mine bonne à exploiter, un troupeau bon à tondre, un peuple.

Le seul avantage que les révolutions aient pour les classes inférieures, et je conviens qu'il vaudroit la peine d'être acheté, si on ne le payoit pas si cher, c'est de relever le caractère moral de l'homme en lui donnant pour objet une destination puissante et solennelle qui ne s'accomplira point, mais dont la pensée même a de l'énergie et de la grandeur. C'est une illusion de perspective, mais le prestige qui en résulte est déjà une conquête. Il est possible enfin, lorsque l'âme s'est élevée à cette hauteur, qu'elle réfléchisse encore long-temps après, jusque dans l'état d'abaissement où toute l'espèce ne tarde pas à retomber, quelque foible rayon de la dignité éphémère que les circonstances lui avoient donnée, comme l'histrion de province qui a ceint un moment la couronne d'Agamemnon, comme le manœuvre à la barbe touffue qui vient de poser pour Jupiter.

Les Sociétés populaires présentoient sous ce rapport le spectacle le plus surprenant qui eût jamais frappé le regard des hommes. Là se débattoient avec une robuste rivalité des pouvoirs égaux entre eux, vainqueurs de tous les pouvoirs, et qui ne reconnoissoient d'ascendant relatif que celui du nombre et de la violence. De quelque lieu qu'il fût parti, l'audace du tribun étoit son titre, et sa force étoit son droit. Il appartenoit au premier venu de jeter le glaive de la parole dans la balance, et de la faire pencher. C'est inutilement qu'on auroit cherché un contrepoids à cette puissance dans les principes les plus avérés des créances et de la raison humaine. Dieu lui-même n'étoit plus un fait moral. C'étoit une question soumise comme une autre à la polémique tribunitienne, et qui attendoit l'autorité d'un décret.

Les sociétés populaires, c'étoit la caverne d'Éole. Il n'en sortoit que du vent, mais le moindre orage suffisoit pour soulever des tempêtes qui bouleversoient le monde, et Napoléon eût été mal venu alors à faire entendre le *quos ego* de Neptune. Quand il arriva, sa besogne étoit faite. Le temps y avoit passé.

Ce qu'il y a de remarquable, c'est que nous étions tout prêts pour cet ordre de choses exceptionnel, nous autres écoliers qu'une éducation anomale et anormale préparoit assiduement depuis l'enfance à toutes les aberrations d'une politique sans bases. Il n'y avoit pas grand effort à passer de nos études de collége aux débats du *Forum* et à la guerre des esclaves. Notre admiration étoit gagnée d'avance aux institutions de Lycurgue et aux tyrannicides des Panathénées; on ne nous avoit jamais parlé que de cela. Les plus anciens d'entre nous rapportoient qu'à la veille des nouveaux événements, le prix de composition de rhétorique s'étoit débattu entre deux plaidoyers, à la manière de Sénèque l'orateur, en faveur de Brutus l'ancien et de Brutus le jeune. Je ne sais qui l'emporta, aux yeux des juges, de celui qui avoit tué son père, ou de celui qui avoit tué ses enfants; mais le lauréat fut encouragé par l'intendant, félicité par le gouverneur, caressé par le premier président, et couronné par l'archevêque. Le lendemain on parla d'une révolution, et on s'en étonna, comme si on n'avoit pas dû savoir qu'elle étoit faite dans l'éducation du peuple. Si la mode de ces suasoires pédantesques venoit à se renouveler, et qu'il fût question de décider qui a le plus contribué de Voltaire ou de Rousseau à l'anéantissement de nos vieilles doctrines monarchiques, j'avoue que je serois parfaitement embarrassé sur le choix, mais je ne dissimulerois pas que Tite-Live et Tacite y ont une bonne part. C'est un témoignage que la philosophie du 18e siècle ne peut s'empêcher de rendre aux jésuites, à la Sorbonne et à l'Université.

On ne voit maintenant les sociétés populaires de ce temps-là que sous deux points de vue, l'atroce et le ridicule; et c'étoit, à la vérité, leur aspect le plus sensible; mais on n'imagine pas tout ce qu'elles ont développé d'esprits subtils, de facultés imposantes, et même de sentiments généreux. Je parlois tout à l'heure de ce ferblantier de Besançon, qui osa donner à Robespierre jeune, dans une séance mémorable, une si rude leçon d'égalité. Ce brave homme s'appeloit Chevalier, et je le nomme avec d'autant moins de scrupule que jamais son influence austère, mais généralement bienveillante, ne s'est trouvée compromise dans un acte violent. Je me rappelle une autre époque où il ne manifesta pas avec moins de fierté quelque chose de ce patriotisme inflexible qui auroit fait honneur à un vieux Romain, et cette impression ne sera peut-être pas sans intérêt pour mes lecteurs, car elle se rattache à un nom que les biographes ont oublié, comme tant d'autres, quoique le singulier personnage qui le portoit, et dont la nature avoit fait le type achevé d'un démagogue, ne soit pas passé tout-à-fait inaperçu au milieu de nos orages révolutionnaires. Je parle de Charles Hesse.

Le gouvernement de notre division militaire étoit alors confié à ce prince étranger, et ce n'est pas la moindre bizarrerie de ces jours bizarres. Celui-là pouvoit se flatter, au reste, et il n'y manquoit pas, d'avoir racheté ce qu'il appeloit la tache de son auguste naissance par une exagération de principes à laquelle Clootz ou Chaumette auroient volontiers porté envie. Plus il étoit né haut, et plus il sentoit de sang royal couler dans ses veines, plus il se croyoit obligé à pousser aux derniers excès le cynisme et la frénésie de l'opinion.

La nature l'avoit, au reste, admirablement préparé à jouer un pareil rôle avec succès. C'étoit un homme de trente à quarante ans, d'une taille fort élevée, fort mince, assez bien prise, mais dépourvue de dignité et de grâce. Sa face blême, couronnée de cheveux d'un blond ardent, n'avoit de remarquable que l'énorme saillie des apophyses. Ses yeux, d'un bleu terne, n'exprimoient ni noblesse ni finesse. Il prononçoit le françois avec quelque facilité, mais de manière à faire comprendre qu'il n'auroit été ni éloquent, ni disert, ni spirituel en aucune langue. Son principal moyen oratoire consistoit dans une gesticulation anguleuse et saccadée, qui avoit quelque chose de convulsif, et qui annonçoit un état presque non interrompu d'éréthisme musculaire. Les transitions de ses discours, et même ces courtes suspensions de débit qui ne servent qu'à reprendre haleine, étoient accompagnées chez lui d'un claquement de dents si sonore et si strident, qu'on l'auroit pris au premier abord pour un bruit de castagnettes; et ce grincement sauvage, qui se faisoit entendre à une grande distance, se prolongeoit et se moduloit horriblement, selon qu'il croyoit avoir besoin de donner du relief à sa pensée et de l'autorité à sa parole. Pour concevoir une idée assez juste de cet artifice d'éloquence et de diction, il suffit de prêter, par l'imagination, l'organisme de la voix humaine à la panthère ou au loup-cervier, et si Charles Hesse avoit été aussi brutalement inhumain dans ses actions que dans ses paroles, ce que je n'ai aucune raison de croire, je doute qu'il y eût beaucoup à changer au moral de l'orateur pour rendre la ressemblance complète.

Dans ce temps-là le parti de la révolution s'étoit divisé en deux partis très-prononcés, bien plus animés l'un contre l'autre que chacun des deux ne l'étoit contre l'ancien régime ; les montagnards qui vouloient porter le principe révolutionnaire à sa dernière expression ; et les girondins, que des inclinations plus douces, des études plus cultivées, une connoissance plus approfondie de l'histoire des peuples et des conditions essentielles de la civilisation, quelque ambition aussi peut-être, avoient ramenés aux idées de justice et aux théories légales sur lesquelles il faut bien que la société s'appuie, quand elle veut s'appuyer sur quelque chose. Comme ces deux opinions étoient en présence, et que la guerre civile auroit été inévitable, si les énergies avoient été égales comme les armes, la Montagne, qui préparoit ses coups d'état, sentit la nécessité de désarmer le parti opposé pour le vaincre sans péril. Les généraux que la faction dominante avoit presque tous choisis, se chargèrent de cette opération dans les départements, et elle n'étoit pas difficile à colorer aux yeux d'une multitude que les mesures couvertes du prétexte de la liberté trouvoient toujours docile aux attentats les plus effrénés du despotisme. L'audace des contre-révolutionnaires ne s'accroissoit-elle pas à vue d'œil ?

Les machinations des royalistes ne menaçoient-elles pas l'œuvre naissante de la régénération universelle ? Et que dirai-je de Pitt et de Cobourg, ces deux formidables mannequins de la terreur, avec lesquels on réduisoit si commodément la France à la plus lâche servitude par la crainte de l'étranger ? Quel patriote pouvoit hésiter à se dessaisir un moment de son fusil et de ses munitions, quand le salut de la patrie dépendoit de ce sacrifice ? Quel républicain ne concourroit pas avec joie par un acte de soumission indispensable au désarmement des aristocrates ? On se doute bien que ces paroles étoient portées par Charles Hesse, qui n'épargna rien pour les faire valoir, ni de sa pantomime épileptique, ni du broiement éclatant de ses dents de fer. Le retentissement en duroit encore, quand on vit Chevalier s'appuyer sur la tribune, avec sa mâle et superbe figure, dont un regard doux et un peu moqueur tempéroit seul la sévérité déjà sénile, passer ses doigts robustes dans ses cheveux grisonnants, et se retourner du côté du général, avec cette autorité du bon sens, de la bonne foi et de la vertu, qui commandoit toujours le silence. Je sais bien que, dans ce moment, je fus frappé d'une idée que je communiquai sur-le-champ à mes camarades de collége, spectateurs non moins attentifs que moi de ces drames populaires qui se renouveloient tous les jours : le ferblantier avoit au moins l'air d'un prince, et le prince avoit tout au plus l'air d'un ferblantier. Quant à sa petite allocution, je ne puis l'avoir oubliée ; je la répétai le soir à mon père, et je l'écrivis le même jour.

« Citoyen général, dit-il d'un ton de basse-contre fort grave, mais bien accentué, en s'adressant à Charles Hesse, qui tenoit encore la barre des gradins opposés, « tout ce que » j'ai compris à ta harangue, c'est qu'il y a » chez nous des émissaires de Pitt et de Co- » bourg, et que tu te proposes de les désar- » mer. Le peuple que voici, tu peux m'en » croire, ne connoît ni Pitt ni Cobourg, et » n'a rien à démêler avec eux. Ce qu'il sait » positivement, c'est que tu es étranger, c'est » que tu es prince, et que si Pitt et Cobourg » avoient ici un émissaire, ce seroit toi ! »

Au même instant le général s'élança, et lia

ses bras à la tribune, comme s'il avoit voulu la renverser.

« Attends, attends, reprit Chevalier, en l'arrêtant sur le dernier degré avec une main forte comme un grappin de charpentier, « je n'ai pas tout dit, et tu répondras si tu
» peux. Nous avons bien le droit de nous dé-
» fier de toi, puisque tu te défies de nous.
» Ne serois-tu pas Pitt ou Cobourg lui-même
» par hasard? et ne fusses-tu qu'un pauvre
» petit prince, il faut que tu aies bien mal
» gouverné tes sujets, et que tu t'en sois bien
» fait haïr pour être obligé de venir prendre
» une patente de jacobin à Paris! Elles y sont
» à bon compte, puisqu'on en donne aux
» princes, avec le généralat par-dessus le mar-
» ché! Nous sommes plus difficiles, nous au-
» tres. Tu n'auras pas nos fusils, et tu pour-
» ras dire à tes compatriotes, s'ils t'écoutent
» avant de te pendre, que tu n'as pas trouvé
» un seul Franc-Comtois qui rendît son arme
» à un Allemand. »

Là-dessus, Chevalier reprit froidement son grand chapeau à trois cornes qu'il avoit posé à ses pieds, le brossa de l'avant-bras et du coude, le replaça très-horizontalement sur sa tête vénérable, et descendit de la tribune au bruit des acclamations.

La tranquillité du pays, la sécurité des honnêtes gens, tenoient à cette livraison des armes. Elles ne furent pas livrées, au moins ce jour-là, et le citoyen Charles Hesse, fort désappointé, se retira du club en grinçant des dents.

Je ne laisserai pas passer cette occasion d'ébaucher les traits d'un autre personnage dont la sanglante célébrité a laissé plus de traces dans la mémoire des hommes.

J'ai déjà dit que le pouvoir se débattoit alors entre deux partis, dont l'un qui l'emportoit certainement par le nombre et par l'habileté, dont l'autre qui avoit tout ce qu'il faut pour triompher dans les mauvais temps, l'audace et la violence. Les opinions de la Gironde avoient prévalu à Lons-le-Saulnier, et celles de la Montagne à Besançon, où les passions énergiques étoient plus inégalement distribuées entre les deux factions. La petite capitale du Jura offroit à cette époque un spectacle qui n'est pas indigne des regards de l'histoire. Une ville composée de sept à huit mille habitants, défendue, pour toute forteresse et pour toute muraille, par le courage et le patriotisme de ses citoyens, sans point d'appui sur les départements environnants, presque sans contact avec eux, se leva seule, et de son propre mouvement, contre la terreur. Une légion spontanée de jeunes et hardis soldats, qu'on appeloit *les plumets rouges*, à cause de la couleur de leurs panaches, la couvrit de son drapeau, et cette enceinte, qui paroissoit ouverte aux plus foibles efforts, ne fut, pendant plusieurs mois, violée par personne. Je me rappelle que dans nos impressions de l'enfance, nous ne placions, en idée, le plumet rouge d'un fédéraliste du Jura qu'au front de quelque géant formidable, à la manière de Polyphème et de Goliath, et c'étoit en effet une forte et imposante génération d'hommes. On croiroit qu'elle avoit été produite à dessein pour des circonstances fortes et imposantes comme elle, et qu'il étoit de sa destinée de passer en même temps. Ce qu'il y a de très-remarquable, c'est que l'administration se montra digne du peuple. L'enthousiasme d'une généreuse résistance fut aussi exalté sous l'écharpe que sous le baudrier, quoiqu'il y courût encore plus de périls, et que la couronne infaillible de ce courage civil dont les exemples sont si rares fût attachée au fer de la guillotine. Les décrets rendus par la Convention depuis le 31 mai, furent brûlés en place publique, et deux de ses commissaires, Bassal et Garnier de l'Aube, conduits sous bonne et sûre garde aux frontières du département, avec défense d'y rentrer. Ils rapportèrent que leur escorte ne les avoit pas défendus sans peine contre l'exaspération des citoyens.

Cependant les deux opinions étoient encore librement représentées à Lons-le-Saulnier par les tribuns du pays, et le hasard faisoit que ces deux chefs étoient frères, comme cela s'étoit vu autrefois à Thèbes et à Corinthe; mais la nature n'avoit jamais marqué deux frères de sceaux plus différents, en caractère et en physionomie. Jean-François Dumas, le Vergniaud du Jura, pouvoit passer pour beau, même dans une famille qui se distinguoit par la beauté corporelle, et dans un département où la laideur est presque une exception. René-François Dumas, plus connu de ses compatriotes sous le nom de l'abbé Dumas, et qui suivoit avec une cruelle naïveté d'organisation les errements de Marat, avoit dans tous ses traits quelque chose de la repoussante expression de son prototype; il n'étoit cependant ni vieux, ni difforme, ni cynique dans son langage et dans ses manières. Il n'étoit que hideux.

Les jacobins de Lons-le-Saulnier avoient, en grande partie, suivi le sort des Conventionnels. Ils s'exiloient d'une cité en contre-révolution, c'est-à-dire, dans leur acception convenue de ce mot, fidèle aux principes de l'ordre, de la modération et de la justice, pour aller goûter dans une atmosphère plus orageuse les douceurs de la liberté, de la fraternité et de la mort. C'est ainsi que René-François Dumas se présenta un jour à la barre de la société populaire de Besançon, où ses principes sembloient lui assurer un vif accueil de sympathie. Le nom du chef éloquent qui venoit de soutenir une poignée de citoyens résolus, contre le système effrayant du gouvernement, qu'on appeloit alors si improprement la république, y étoit seul parvenu ; la méprise étoit inévitable, quoique grossière. La rumeur qu'elle excita fut longue et menaçante, et peu s'en fallut que Timoléon ne payât pour Timophanes. Enfin l'erreur s'éclaircit, et René-François Dumas gagna la tribune avec l'anxiété hargneuse d'une bête sauvage qui a essuyé une première décharge sans être blessée, et qui rompt les rangs des chasseurs en rugissant. J'étois là, et je ne sais quelle prévision inexplicable me forçoit à détailler tout l'ensemble de cette étrange figure qui n'avoit encore rien d'historique ; mais on m'étonneroit beaucoup aujourd'hui, si on me démontroit que je me suis trompé de la plus légère circonstance dans l'image vivante que ma mémoire en a conservée, depuis ses souliers de cabron fauve à son chapeau de feutre gris.

Il avoit un pantalon de bazin blanc, un gilet de la même étoffe, qui étoit alors à la mode, et une cravate également blanche, nouée en cordon aux bouts flottants, qui soutenoit à peine le collet blanc de sa chemise. Tout cet ajustement étoit d'une propreté recherchée, délicate, minutieuse, qui distinguoit, en général, les jacobins de haut étage, et qui, parmi eux, comme ce faste et cette profusion d'ornements qu'étale le chef d'une tribu d'anthropophages, établissoit encore une sorte d'aristocratie. Son frac long, flottant, d'une étoffe de drap fine et légère, étoit d'une couleur de sang dont la vivacité blessoit l'œil; et ce n'est pas ici une combinaison d'écrivain, préparée pour l'effet : j'en atteste cent témoins vivants qui n'ont pas oublié que cet habit de sang étoit son habit de *gala*. Quelque chose de plus blanc que le linge coquet de Dumas, c'étoit sa tête allongée, osseuse, empreinte, comme celle d'un anachorète, de la pâleur des macérations et des veilles, et dont les saillies fortement prononcées supportoient je ne sais quelles chairs livides qui lui donnoient l'aspect d'une goule affamée. Sa bouche étoit large, ses yeux petits et enfoncés, mais perçants et peut-être noirs; ses cils, ses sourcils, ses cheveux rouges. Il n'y avoit rien en lui qui révélât positivement l'homme que la société a formé; mais il n'y avoit rien en lui d'ordinaire, et c'est peut-être ce qui fixa ma curiosité sur cette créature d'exception, dont les nomenclatures des naturalistes qui occupoient exclusivement mes premières études ne m'avoient jamais présenté l'analogue inconnu. Tout à coup ses lèvres pincées se désunirent comme par l'effet du ressort musculaire qui contracte quelquefois la bouche écumante du boa; et, d'un ton éclatant, mais aigre et métallique, il s'exprima ainsi : (Je réponds encore de l'exactitude du texte, comme si je l'avois sténographié.)

« Républicains, l'accueil que vous m'avez
» fait m'a profondément touché; l'indigna-
» tion qui a parcouru vos rangs patriotiques
» au nom de Dumas, est un hommage à la
» patrie. Si le sang qui m'est commun avec ce
» traître pouvoit expier ses attentats, j'ouvri-
» rois à l'instant mes veines devant vous. La
» proscription dont je suis frappé dans le
» Jura, l'a sauvé de mon poignard; mais je
» vais le livrer à la justice nationale, et le plus
» beau jour de ma vie sera celui où je vous
» apporterai la tête de mon frère !... »

En prononçant ces exécrables paroles, il étendit au-dessus de la tribune son bras rouge et sa main blanche, de manière à figurer à la pensée, dans une éternité de souvenirs, l'idéal même du bourreau. Je m'aperçus qu'il avoit des manchettes.

Quelque temps après, René-François Dumas étoit président du tribunal révolutionnaire. La scène qui s'étoit passée à Besançon se renouvela en sens opposé à Lons-le-Saulnier. La fortune révolutionnaire du jacobin avoit nui à l'influence du patriote. Une rumeur inaccoutumée accueillit Dumas l'aîné dans le club insurgent des fédéralistes. — « Que me » reproche-t-on, s'écria-t-il? — Rien, répli- » qua un des membres de l'assemblée; mais » nous ne pouvons nous empêcher de voir » en toi le frère de ton frère. — Mon frère, » grand Dieu! reprit Dumas; de quel frère » me parlez-vous?» Et se précipitant sur le sein d'Ébrard, qui portoit avec lui le poids de cette administration héroïque, et qui jouissoit dans le Jura de la plus glorieuse popularité que puisse ambitionner un citoyen, celle de la vertu : — « Mon frère, dites-vous? mon frè- » re, le voilà!» Ce mot apaisa tous les soupçons, et l'élan de ces deux hommes de bien qui s'embrassoient entraîna la multitude. Je puis me tromper, mais ce tableau n'a rien à envier, selon moi, à la grandeur des temps antiques.

Puisque j'ai parlé du président du tribunal révolutionnaire, je me crois obligé à compléter son portrait, autant que me le permettent les renseignements que j'ai pu recueillir de la bouche de ses compatriotes et de ses contemporains; je ne dirai point de ses amis, on ne lui en a point connu. C'étoit un homme actif, studieux, sobre jusqu'à l'austérité, régulier dans ses mœurs, exact dans ses engagements. Pendant que la guillotine battoit monnoie sur la place de la Révolution, suivant l'épouvantable expression de l'orateur le plus fleuri de la Montagne, le terrible fournisseur du trésor de la république vivoit pauvrement dans un galetas de l'hôtel de La Rochefoucault, à la manière de ces âpres républicains de la vieille Rome, dont il attestoit si souvent les exemples. Il se trouvoit alors parmi les énergiques enfants du Jura un médecin nommé Baron, fait pour aimer la vérité, et capable de la dire au péril de sa vie. Un jour que le hasard l'avoit conduit dans la tanière de Dumas, à la suite d'une des séances les plus tragiques du tribunal : « Vos jugements me font horreur, » lui dit-il, et tes jurés sont des monstres. Comment ose-t-on disposer de la vie de tant d'accusés après quelques minutes d'instruction ? » — Cela est extraordinaire en effet, » répondit » Dumas en tournant sur lui un regard assuré ; « mais les révolutionnaires ont un sens » que n'ont pas les autres hommes, et qui ne » les trompe jamais. »

Hélas ! oui, les malheureux avoient un sens que n'ont pas les autres hommes ! l'instinct du tigre qui s'est abreuvé une fois de sang humain, et dont la soif inextinguible ne peut plus s'étancher que dans des tonnes de sang.

FIN.

TABLE.

—

Au lecteur.	Pag. 7
Le dernier banquet des Girondins.	25
Notes historiques.	169
Recherches sur l'éloquence révolutionnaire.	223
Avertissement nécessaire.	225
La Gironde.	227
La Montagne.	257
Les députés en mission.	285
Notes explicatives.	309
Lettre de Robespierre jeune a son frère.	313
Les sociétés populaires.	321

FIN DE LA TABLE.

www.ingramcontent.com/pod-product-compliance
Lightning Source LLC
Chambersburg PA
CBHW060506170426
43199CB00011B/1341